JN120680

# 旅の作法

# 旅の作法

旅には作法が必要だ。

旅の作法とは修学旅行で指導を受けるような点呼、五分前集合、トイレは早めに済ませる、おやつは３００円以内。そんな話ではない。

旅の作法とは何か？

何が作法か？

旅の作法とは旅人の態度、振る舞いだ。

旅する側の態度振る舞いが上質なものであれば、迎える側もそれに答えようとする。

旅をする側と迎える側は合わせ鏡だ。横柄な旅人を真心で迎えよといっても無理な話だ。テレビや雑誌の特集では究極のサービスや食べ放題、感動系のおもてなしがもてはやされる。訳ありツアー、ポイント10倍、早割、直前割など損得を前面に打ち出した、消費される旅も目立つ。

大量生産、大量消費を前提に作られた格安ツアーは今もなお幅を利かせているが、富裕層向けの高級宿や豪華観光列車のような高額商品も大盛況だ。安くお得に出かけることをよしとする客層と、一般の人には到底手が出せない旅。二極化はとどまるところを知らない。

さらにはお客様は神様、楽しませてくれて当たり前のような、過剰要求に苦しむ現場の声を聞くようになった。旅の受け入れ側は「お客の質が落ちた」という。お客の質云々を受け入れる側がいうのは違うという人もいるが、ホテルや旅館での客室備品の持ち帰り、食べ放題プランでの食べ残し、禁煙ルームでの喫煙など、自分の態度や行き過ぎた要求を棚に上げて、宿泊予約サイトの口コミ欄に辛辣な書き込みをする人も少なくない。

GOTOトラベルで旅する側は安くてお得に上質な旅ができているのかといえば、甚だ疑問だ。国策で観光地が助けられたのも事実だが、実際には宿泊施設に質の悪いお客が押し寄せ、わかりにくいシステムの理解が追いつかずにスタッフの説明に逆ギレするお客も多い。疲弊した現場スタッフの離職が相次いでいるとの本末転倒な話も聞こえてくる。

何がいけないのか。

原因は2つある。1つは観光産業がマスマーケットを追い続けた結果、安かろう悪かろうのツアーが増え、若い人を中心に旅行離れが起きていることだ。山奥でも刺身と海老の天ぷらが出てくる旅館の料理、プライバシーと清潔感のない大浴場、慇懃無礼なスタッフに質の悪いタオルとシャンプー。原価をギリギリまで削って安くしてもお客の満足度は上がらない。次、またここに来るかと問われたら答えは微妙だ。若い人は驚くほど旅をしない。

個々に頑張っている旅館やホテル、観光施設や飲食店は多い。旧態依然とした土地でまさに孤軍奮闘だろう。「この宿にまた泊まりに来る」「このお店でご飯が食べたい」とリピートするお客に支えられている施設もある。とはいえ、地方の古い体質から脱却できない多くの観光地は衰退の一途だ。

廃墟やシャッター商店街、雑草が生い茂る空き地を見て、旅情を高めろといわれても無理な話だ。

2つめは本書のテーマでもあるが、旅する側の心構えや覚悟のようなものを学ぶ場が日本にはないことが問題だ。ハリーポッターが魔法の学校で学んだようなことを、旅する人が旅の学校で学ぶべきなのだ。私が20年以上にわたって主宰している旅行倶楽部には旅人心得がある。紹介してみよう。

## ▼ベルテンポ旅の心得

1　旅を3度愉しむ
2　自己責任　自己決定
3　旅への備え　トラベルはトラブル
4　買う　飲む　食べる
5　現地でのふれあい
6　日本人であることへの誇りと責務

7　土地の人への感謝とお礼

8　他者への尊敬 お互いさま

少し解説する。

1　旅を3度愉しむ

旅は受け身では楽しめない。3度の楽しみの序章は行くと決めたその瞬間から旅をするまで。情報を集めるだけではなく本を読み、音楽を聴き、映画を観て、これから旅する土地のことを学ぶ。2つめは旅の途中。五感をフルに使い、旅を謙虚に前向きに感謝の気持ちを持ちながら楽しむ。3つめは帰宅後。写真やパンフレット、お土産など旅の思い出を整理しながら、旅を思い出して反芻する。旅はコスパなどで成否を決めるものではなく、主体的に楽しむものだ。旅に失敗などない。

## 2　自己責任　自己決定

カナダに住んでいた頃、危険な場所に柵がなくAt your own riskとだけ書かれているのを何度となく見た。「ここから先は危険だから、あなた自身のリスクと判断で行動してね」ということだ。落ちたらまず助かることはない崖にもこの表記がある。日本なら有刺鉄線が張り巡らされていることだろう。自分の行動は自分で決める。日本人が苦手なことだ。天候や事故による運行遅延やキャンセル、オーバーブックなども多発するが、基本的に自己責任で交渉するか諦めるか、他の手段を選ぶかを考えねばならない。

日本で「なんとかしろ」と怒鳴っている人を見かけることがあるが、典型的な他責思考だ。自分の頭で考えることをせず、人のせいにして相手を威圧する。自分では決して行動を起こさない。海外では自分で考え行動しないと誰も助けてはくれない。フライトキャンセルになったのち、自分がどう動くかは自分で決めるしかないのだ。

日本で感情的なクレームを口にする人たちは、駄々をこねている子供のように映ってしまう。泣いても喚いても、常にお客様扱いしてくれるのは日本だけだ。

## 3 旅への備え　トラベルはトラブル

旅をする人の多くが「トラブルはないもの」として予定を組んでいる。集合時刻だったり、乗り継ぎ時間だったり、けっこう、ギリギリで予定を組む。日本の公共交通機関は時間に正確なので、ネットで調べた通りに乗り継ぎができると信じて疑わない人がほとんどだ。「今日は風が強いから電車が止まるかも知れない」「鉄道は最近トラブルも多いから早めに家を出よう」と考える人は意外と少ない。空港へ向かう途中、高速道路が事故で通行止になり飛行機の出発時間に間に合わず、慌てることもある。

この仕事を長年やっていると、トラブルなく旅が終わることはほぼ奇跡だ。電車の遅れやロストバゲージなどは、くしゃみをするくらいの話だ。洒落にならないトラブルに何度となく巻き込まれた身としては、とにかく時間にゆとりを持つ。順調にいけば時間を持て余すくらいの旅がしたい。すべてが滞りなく順調にいくと「時間が余って退屈した、疲れた」といわれてしまうのだが、それでも私はトラブルがあることを前提に旅をする。悲観的な旅程を組んで、楽観的に旅をするのだ。

## 4

### 買う　飲む　食べる

地域にお金を落とすという、やや上から目線の物言いが好きではないが、旅をしたらお金は使った方がいい。地域で奮闘している人は大勢いる。日本全国、金太郎飴のようなチェーンばかりになってしまったが、地元の人に聞けばまだまだ頑張っている人はいる。地酒や地ビールにワイン、地産地消の肉や魚。まさに飲む、食うこそが旅の醍醐味ではないか。壱岐で飲んだ地ビールは美味かった。

## 5

### 現地でのふれあい

無機質な旅がしたいと考える人は少ない。意外に思われるかも知れないが、私はどちらかといえばいわゆるコミュ障側の人間である。狭いシングルルームで寝っ転がりながらスマホをいじっている時が至福の時間だったりする。とはいえ、勇気を振り絞って外に出てみる。田舎の人は気さくだ。方言がきつく感じることはあるが悪気はない。道を聞くと親切に連れて行ってくれることもある。テレビの旅番組もたいていいは人を訪ねる企画だ。私たちは人と触れ合いたいのだ。

6

日本人であることへの誇りと責務

若かりし頃、カナダに住む機会があった。純粋に住みやすい国だったが、カナダに住んでみると、日本がどれだけ素晴らしい国かということがわかる。スーパーの野菜は腐っていないし、卵も割れていない。釣銭を間違えないし、砂糖の塊のようなチーズケーキを食べなくて済むし、買った靴の左右のサイズが違うなんてこともない。いうまでもなく治安、清潔感、安心感、食文化など世界に誇れる要素をたくさん持っている。日本を出たことがなければ気づかないし、日本の悪い面だけを強調して自虐的な思考になりかねないところだった。一方、海外に学ぶことも多い。日常生活では、日本人としてのアイデンティティを感じる場面は少ないが、海外を旅する時には日本人としての誇りを胸に旅をしたい。片言でよいから日本の魅力を伝えたい。そして日本人として恥ずかしくない行動も心がけたい。

7

土地の人への感謝とお礼

地域にお金を落とすといういい方が好きでないのは、心のどこかにお金を使ってあげているとの優越感が見え隠れするからだ。お客様も旅人も神様ではない。他人が住む土地に一宿一飯の世話になるのだ。むしろ頭を下げる立場だ。コロナ禍のような、「よそ者は来るな」は極端だが、お金を落としてやっているというのも違和感がある。旅人が謙虚になればすべてがうまくいくとすら思う。感謝の気持ちを忘れずに旅がしたい。粗探しの旅などする価値はない。ありがとう、ありがとうと旅をしよう。

## 8

### 他者への尊敬　お互いさま

カナディアンロッキーの麓バンフの山あいにあるアッパーホットスプリングス（温泉）に入るのが楽しみだった。温水プールのような作りだ。プールサイドの掲示板には、酒を飲んで入るなとか飛び込むなとか書かれているのだが、最後のフレーズが respect others（リスペクト アザース）なのだ。他者を敬う、他人に敬意を払うといった意味だが、このひとことにカナダという国の想いが集約されている。日本にもお互いさまという素敵な言葉があるが、不寛容でギスギスした息が詰まる社会で、忘れがちな考え方だ。旅に必須の価値観だ。

以前、旅行倶楽部に入ったばかりの方にベルテンポの旅人心得を渡した。「正直、うっとうしいです」といいすぐに退会してしまった。押し付けがましかったかなと反省した。以後、メンバーに説教くさく伝えることはやめた。どの心得も大人ならいわなくてもわかることばかりだ。価値を共有してもらえないとするなら、一緒に旅をするのは難しいというだけの話である。

旅の作法は誰かに押し付けられるものではなく、旅人の心の奥底から湧いて出てくるものなのだ。よき旅人でありたいと思うし、共鳴してくれる旅人の輪を広げていきたい。

# 旅の作法

# 旅の作法

18

# 86歳のパラグライダー

でも、やっぱり自信がないわ。
旅に行きたいけど勇気がないの。
揺れる気持ちを吐露するのは、今日初めて会った86歳の郁子さんだ。
そうですよね。
わかります。
待ち合わせの焼肉店で、美味しい、美味しいと焼肉を食べながら、私は頷いていた。

子供のように焼肉を食べる私を目を細めながら見ているのだが、時折寂しそうな表情で不安を口にする。こんな時は深刻に受け答えするよりも、悠然と構えていた方が安心感を伝えられると思い、黙々と焼肉を食べていた。

それでも、打ち合わせらしきことはしないといけない。

椅子がわりだと思って車イスは念のため持参しましょう。忙しいと疲れますから、体調に応じて臨機応変に休めるよう、ゆったりした行程で行きましょう。「どうぞ、私にお任せください」と伝え、スイスへの旅が実現することになった。元気な頃、世界中を旅したが、スイスだけには行ってなかったそうだ。

心の中で決めていても、誰かにそっと背中を押してもらいたい場面は、誰にでもある。私だって、誰かに背中を押してほしい。

おばちゃん、おばちゃんと親しみを込めて呼ばれる、旅の主人公は86歳の郁子さん。経営者の妻として男社会でおじさんたちに揉まれながら商売をしていたからか、快活そのもの。ご主人に先立たれてからも長いこと会社を切り盛りしてきた。

ようやく引退して、さあ大好きだった旅行に出かけるぞと思った頃から足腰が一気に弱くなってしまったと嘆く。自宅にこもりがちでたまに外食をするぐらいしか刺激がない生活だという。そうなると気持ちが弱くなってしまい、前向きな言葉も出てこなくなるのは当然だ。

「おばちゃん、もう充分働いたのだから、これからは好きなところへどんどん旅行しようよ。苦労して働いて貯めたお金だってあるのだから、自分のために使ってね」

「ありがとう。でもね、そうはいっても足が弱くなってね。体力もないし、目も悪くなってきたし、もう旅行に出かけるのは無理だと思っているんだよ」

「そんなことないよ、行けるよ」

「そんなことといってもツアーは忙しいし、他の人に迷惑をかけてしまうから」

身近な人とそんなやりとりが繰り返されていたそうだ。

日本人、特にお年寄りは「人さまに迷惑をかけちゃいけない」と子供の頃から教わっている。人さまに迷惑をかけてまで旅行するなんてとんでもない。遠慮とも諦めともつかぬ吐息を、何度聞いたことか。

「世の中にはかけていい迷惑とかけちゃいけない迷惑があるんだ」

昭和54年に放送された、NHKドラマ『男たちの旅路』。そのなかでも不朽の名作といわれる『車輪の一歩』で、主演の鶴田浩二が車イスを使う若者に投げかけた言葉である。

このドラマを見たのは15歳のときだ。まだ障害者に出会ったこともなければ、障害がある人の旅づくりをするなど思いもしなかった頃である。ドラマを見た夜は衝撃で眠れなかった。今でもその夜のことをよく覚えている。

サラリーマンを辞めて35歳で会社を作り、ノウハウも人脈もなく試行錯誤の日々。あるとき、「私が旅行したいなんて口にしたらみんなに迷惑かける（だけど行きたい）」と障害者の声を聞いた瞬間、鶴田浩二のセリフが電流のように私の体に流れた。

「お身体が不自由であるがゆえのお気持ちはよくわかります。とはいえ、世の中には『かけていい迷惑とかけてはいけない迷惑』があります。『旅に出たい』は、かけていい迷惑です。だって、そのために私たちの仕事があるのですから」

この言葉を郁子さんに伝えた時、顔色がパッと明るくなった。

「私、旅に行けるんですね」

「もちろんです」

郁子さんは普通に歩けるし、杖が必要なわけでもない。日常生活で車イスを使った経験もない。ところが旅の場面ではとにかく勝手が違う。

旅先でどのくらい歩くのか、階段はあるのか、腰掛ける場所はあるのか。休みたいと口にして周りに迷惑をかけないか、具合が悪くなったらどうしよう。不安が後から後から湧いて出てくる。この不安を家族や友人が消すことは、ほぼ不可能だ。そこで専門家の出番となる。

ポイントは不安に焦点を当てないことだ。旅は楽しむものだから、「旅先でどんなことがしたいか」に焦点を当てて心の準備をしてもらうのである。

不安に同調してしまうと不安はさらに増幅され、不安が不安を呼ぶ。これではとても旅行どころではない。年配の方は、人生の中でさまざまな経験をされているので、危機対応能力は若い人よりも高い。リスクに対する理解や判断は、年配の方のほうが飲み込みが早いと感じることが多い。もちろん頑固な人も少なからずいるが。

たとえ頑固な人でも、旅には行きたいと思っているのだから突破口はある。一般論だが、女性を旅に連れ出す時の口説き文句は、年齢に関係なく美味しいものと美しい風景。若いイケメンの男性がサポートしてくれたりするとテンションはマックスである。男性は飛行機や鉄道、車のメーカーや製造に関する話、法律論や政治体制などの中から、ご自身が関わってきた仕事に関連する話題があれば家族が驚くほど饒舌になる。

階段がどうとか、手すりがどうとかは旅のメインテーマからは外すのだ。誰もトイレや手すりを探訪する旅がしたいわけではないのだから、当然といえば当然の話だが、福祉発想で旅を考えるとどうしてもトイレや手すりの話がメインになる。

郁子さんは、若い頃から旅が好きで国内はほとんど回ったそうだ。海外もツアーに参加して覚えきれないくらいの国を巡ったと話してくれた。旅の話をしてくれる時の生き生きとした目の輝きはなんともいえず綺麗だった。嬉しそうに、懐かしそうに自慢話をする。

中部セントレアからフィンエアーでヘルシンキで乗り継ぎ、スイスへ向かう旅が始まった。

スイスでは鉄道を使った。

貸切バスと違い、停まる駅ごとに人の乗り降りがあり、乗客の様子を見ているだけでもスイスに来たことを感じる。日本では信じられないことだが、スイスでは車イスでの乗降など当たり前すぎて珍しくもない。

それどころか自転車や犬を連れた家族も当たり前のように電車に乗ってくる。

自転車用のラックは、ほぼすべての車両にある。犬はケージに入れる必要もなくリードに繋いでいるだけだ。ちなみに犬にも切符が必要である。子供と同じ値段だからかなり高額で、自動券売機にも犬のイラストが書かれたボタンがある。

旅の途中、私が大好きな村、ミューレンに滞在した。団体ツアーの観光ルートからは外れる崖の上の小さな村だ。自家用車の乗り入れは禁止されているので村がとても静かなのが特徴。道中、家族の一人、孝子さんが出発前から希望していた、パラグライダーを体験することにした。

私は極度の高所恐怖症なので、人生の辞書にパラグライダーもバンジージャンプも存在しない。おまけに障害者や高齢者向けの旅をサポートしている限りは、パラグライダーに乗りたいと申告を受けることはまずないと思っていた。

ところが孝子さんが「スイスでパラグライダーができる」との情報を耳にしていたらしく、「旅の途中でできませんか?」と打診されていた。

スイスでパラグライダーといえばインターラーケンだ。

この街は天候が安定していて、パラグライダーに適した風が一年の長い時期、吹いている。年間300日は飛べると宣伝もしている。

とはいえ、せっかくだから断崖絶壁の村、ミューレンから崖を駆け下りるパラグライダーを体験してほしい。そう考えた私は、ミューレンのオプショナルツアーの会社に電話をかけた。残念なことに明日の予約はいっぱいだという。うーん、残念。

翌日、山を下りてインターラーケンでパラグライダーに乗ってもらおうとホテルを出た。駅へ向かう道すがら郁子さんが「ねえ、そこに見えているケーブルカーは何？　あれには乗れないの？」と指差す。存在は知っていたが日本人はあまり行かない展望台へのケーブルカーなので、私もこれまで乗ったことはなかった。

「ああ、アルメントフーベルという小高い丘に行くケーブルですよ、せっかくだから乗ってみましょうか」

時間ならいくらでもある。

スイスは特に天候に左右されやすいので行程を決めすぎてしまわないほうがいい。気ままな家族旅行ならではで、急遽予定を変更してケーブルカーに乗り込んだ。アルメントフーベルは、夏は高山植物が咲き乱れハイキング客で賑わうのだが、秋なので丘の上はガラガラで人の気配がない。お天気がよく、目の前にユングフラウの山々が壮大に見える風景は、私がこれまで見たスイスの景色の中でもベスト3に入る圧巻の光景。来てよかった。ぽかぽか陽気で寝っ転がれる場所もあり、ご家族も私もうたた寝。気がついたら2時間以上くつろいでいた。山を下りてインターラーケンへと思ったら携帯が鳴った。ミューレンにあるパラグライダーの会社だ。夕方のフライトにキャンセルが出たが飛ぶかと。「やったー」みんなでバンザイ。

じゃあ予約しますね。ところで、飛ぶのは1人、2人？　家族4人のうち、郁子さん以外の3人は飛ぶ気満々。「じゃあ、3人で申し込みますね」と私が確認すると、その話を横で聞いていた86歳の郁子さんが、「ねえ、どうして私には聞いてくれないの？」とちょっと不服そうに話に割り込んできた。

「え？」

「郁子さん、パラグライダーってわかってる？」

「わかってるわよ、鳥みたいに空を飛ぶやつでしょ」

「わかってるのか……」

「高萩さん、パラグライダーって年齢制限はないのかな？」

私は慌ててホームページを開き確認すると100歳まではOKと書かれていた。

冗談かとも思ったがここはスイス。

生真面目な国が冗談でホームページに書くとは思えない。

念のため電話をしてみると、「体重の制限はあるけれど年齢は特に関係ないわ。ただ足が悪いとなるといくつか課題はあるけれど」とのことだ。


ミューレンからインターラーケンへ山を下りる必要がなくなったのでラウターブルンネンのカフェでランチをして、いったんホテルへ戻ることにした。

ホテルで家族全員がルンルン気分で支度をしていたら、ミューレンの会社からスマホにメールが届いた。

「大変残念ですが、これから天気が崩れるので夕方のフライトはキャンセルします」

ホテルの部屋の窓から外を見ると、目の前でパラグライダーが気持ちよさそうに回遊している。飛んでるじゃん。雨が降る気配もない。しかし、彼らはプロ中のプロ。日本のお天気お姉さんとはレベルが違うのだ。

フライトの時間になったら本当に雨が降り始めた。いやはや。私たちは飛べるのか、飛べないのか。ユングフラウの神様はいたずら好きなようだ。

翌朝は気分を変えて、シルトホルン展望台で朝食をとった。映画007のロケ地になったので、シルトホルン展望台をご存知の方もいるだろう。標高の感覚としては河口湖に泊まり、富士山7合目でモーニングコーヒーを飲むイメージ。ロープウェイで2900メートルまで上がると外は真っ白だ。昨日、ミューレンで降った雨はここでは雪だった。

朝食を食べながらインターラーケンの会社に問い合わせると、天候は安定していてフライトは可能だとのこと。こちらも年齢制限はないけれど、飛び立つ瞬間に少し駆け出す必要があるが大丈夫かと聞かれた。どう考えても大丈夫じゃなさそうだが、大丈夫も何も、86歳の少女はフライトする気満々で、そんな質問ができる雰囲気にない。

それに「山を歩けますか」と問うても、どのくらいの傾斜でどのくらいの距離を歩くかは、行ってみないとわからない。案ずるより生むが易しを信条とする私は、ユングフラウの神様に「今度こそ、お願いしますよ」と願いを込めた。

電話で話していても、あちらも判断はできかねるだろうし、おばちゃんの様子をみてもらいながら、直接現地で話をすることにした。日本なら100パーセント断られるところではあるが、スイスのパラグライダーの会社は門前払いにするようなことはなく

「チャンスはあるわ」との前提で話を聞いてくれた。

受付の女性スタッフによると、送迎車を降りてから山道の坂をだいぶ歩くことになるが自力での歩行は可能かどうか。飛び立つ際、自分の足で駆け出さないといけないので、助走中に自力歩行できるかの2点を確認された。

ご本人に聞くと「そんなのわからないわ」と。そもそもパラグライダーというものの仕組みが十分に理解できているとは言い難いし、現場を見ていないのでなんともいえないとしか答えられない。

私は女性スタッフに「飛びたい気持ちがあるので、良かったら送迎車で飛び立つ場所まで本人を連れて行ってほしい。物理的に難しいようなら本人も諦めて送迎車で戻ってくると思うから」と伝えた。諦めるとは思わなかったけれど。

受付スタッフはそれをインストラクターの親分に無線で伝えてくれた。待つこと数分。折り返しの連絡があり「インストラクターが、僕が責任を持って引き受けるから大丈夫。安心して」との回答を得た。さすが親分。親分が担当してくれるなら安心だ。

私は飛ばないので、いや怖くて飛べないので送迎車に乗る資格すらなく（通訳のために送迎車に乗せてくれないかとお願いしたら、これはあっさり断られた）、麓でユングフラウの神に祈ることしかできなかった。おばちゃんとインストラクターの英語でのコミュニケーションが絶望的に不安ではあったが、今、ここでそれをいっても仕方がない。何語で会話するのだろう。

あとは気持ちで通じると信じて送り出すことにした。ちなみにインストラクターには日本語で押し通していたらしい。彼らはプロ中のプロであり、何がリスクかを熟知しているので危ない橋は渡るはずがないとの信頼はあった。ちなみに余談だけど、パラグライダーの会社もピンキリなので、飛ぶ際にはきちんとした会社を選ぶことをオススメする。安全性に問題のある会社で墜落事故がたびたび起きているのも事実だ。

麓にある公園で待つこと1時間。空から次々に降りてくる人の中から郁子さんを見つけるのは至難の技ではあったが、何としても着地の瞬間を動画で撮りたかった。

4人目か5人目か覚えていないけれど、郁子さんは悠々と空を鳥のように舞い、悠然と高度を落としながら公園の芝生に舞い降りてきた。動画も撮れた。着地は見事としかいいようがない美しさだった。インストラクターに心からの感謝の気持ちを伝え、郁子さんにはたっぷりとチップを弾んでもらった。

爽やかな顔をした郁子さんに「どうでしたか？」と聞くと、

「いやあ、面白かった。このままもう1回飛びたいわ」

案ずるより生むが易し。


年齢や体力で先入観を持ってはいけないのだと、旅の現場で改めて体感した。20年以上、障害者や高齢者の方と世界中を旅しているのに、自身の思い込みや先入観で、「パラグライダーなどやらないに決まっている」と決めつけていたことを反省した。

何かを始めるのに遅いということはない。


スイスの旅から2年半後、郁子さんは天国へ旅立った。

空高く舞い上がった郁子さんは、もうこちらには帰ってこないけれど、スイスの空を鳥のように心地よく、舞っていることだろう。楽しそうに、鳥のように。あの時、予行演習したからもう大丈夫。

いつかまた、スイスの空で逢いましょう。

34

# 旅は不要不急じゃない

旅先で見るお客様の表情。この日を楽しみに頑張ってきたのよと乾杯する姿。五感をフル活用して旅を楽しみ、後悔した人を私は知らない。

旅は人の心を優しく穏やかにする。苦虫を噛み潰して怒鳴り散らしながら旅をする人は少ないだろう。自分が住む土地を離れて知らない土地を訪ね、見るもの聞くことすべてが新鮮な驚き。子供たちが修学旅行で目を輝かせながら案内人の話を聞いているのを見かけると心が和む。異文化との触れ合いは幾つになっても楽しいものだ。

旅が不要不急だと公式に認定されて、旅行や観光に携わる人々は息を潜めた。乗客のいない新幹線や飛行機、人気(ひとけ)のない観光地。旅先で数々の異様な光景を目の当たりにした。まるで犯罪者が物陰に隠れるがごとく、われわれは社会に存在してはいけないような空気に包まれた。

観光地で旅人を迎える仕事をしている人は、どんな気持ちで日々過ごしたのだろう。

このような状況では仕方ないよなと自分を説得させつつも、そこに潜む違和感の正体を見つけようとした。戦中同様のスローガン「不要不急の外出は控えよ」を生きているうちに再び聞くことになるとは夢にも思わなかったからだ。スローガンとは恐ろしいものだ。大衆を扇動し、おかしいと口にする人を容赦無く正義が糾弾する。戦中のデジャブではないかとさえ思った。

『時刻表2万キロ』などの著作がある鉄道紀行作家の宮脇俊三(みやわきしゅんぞう)氏は、物心がついた頃から時刻表に親しみを覚え、10代の頃より小さな旅を繰り返していたと著作の中で述懐している。宮脇氏は１９２６年満州事変より前の生まれ。旅行をするなど非国民として憲兵に連行されてもおかしくない危険極まりない行為だったであろう。

当時の政府は「贅沢は敵だ」「不要不急の旅行はやめませう」とのスローガンを国民に浴びせていた。それでも宮脇氏は旅をした。今と違い、車掌も憲兵と変わらぬような威張り散らした態度で乗客を叱りつけていた訳だから、10代の学生が一人で旅をしているなど、見つかったら大目玉ではすまなかったであろう。

恐怖に怯えながらの旅はどんな気持ちであったのか。

自分が生きている間に、旅をすると非国民扱いされる時代が再び来るなど夢にも思わなかった。

「贅沢は敵だ」

「不要不急の旅行はやめませう」

社会科の教科書の中に書かれていたことが現実に起きてしまった。

俄かには信じられない光景だ。コロナに打ち勝った証としてのオリンピックが予定通り開催され国威発揚が行われた。コロナを仮想敵とした戦時体制が長引き社会は閉塞感に包まれた。

「スローガンが喧伝されるときは気をつけたほうがいい」

書店「読書のすすめ」の清水店長が私に呟いた。

このような局面では、真面目な人ほど体制に従順だ。みんな我慢している、医療従事者に迷惑をかけてはいけない、コロナを人に移したら何をいわれるかわからない。

非常時に呑気に外出をする人は他者への思いやりがない、わきまえない人たちであるとのレッテルが貼られる。歓楽街で奇声を発している若者の映像と共に、私たちは「若者＝わきまえない＝非常識」のラベリングをすることになる。


宮脇氏の時ほど威圧的ではないにせよ、県外ナンバーの車が嫌がらせをされたり、県外客お断りとの張り紙もまた、マスコミの格好のネタとなったようだ。


旅は不要不急なのか。酒をたしなむ人は非国民なのか。明快に答えを出せる人などもちろんいないが、モヤモヤは晴れない。

価値観は人それぞれ。旅を自粛している人の、行動しない判断を私は尊重するし、もちろん医療関係者への尊敬の気持ちも持っている。

それでも私は声を大にしていいたい。職業に貴賤なし。医療従事者も学校の先生も、劇団員やダンサーも、旅館の仲居さんもホテルの清掃担当の人も、お土産屋で働く人も、居酒屋のお兄さんも、添乗員さんも、バスのドライバーさんも、そして旅人も同じ一人の人間。どちらが上とか下とかはない。仕事にも絶対必要な仕事と不要不急の仕事などないはずだ。医療関係者と同じようにホテル清掃員の人がいなければ社会は成立しない。

人はパンのみにて生くるにあらず。社会はさまざまな職業で成り立っている。威圧的な態度で記者会見をしている医療団体の会長を見るたびに「どうしてそこまで上から目線で偉そうな物言いができるんだ」と気分が悪くなるのは私だけではないだろう。

私は旅をする。

もっと旅がしたいと願いながら、先に天国へ旅立ってしまった人のために。いろいろな事情で今は旅ができない人に、現地の空気を届ける。

周りの目を気にしながら、それでも旅がしたいと強く願う人を友として。

宮脇俊三氏が著作の中でこんな名言を残している。

「彼ら（車窓風景）は見てくれと私にいう。しかし同時に、おれのことをお前、書けるのか、といっているように思われる」

コロナ禍で旅とは一体なんなのかを立ち止まって考えることになった。旅に出にくい雰囲気だからこそ、こっそりと旅をしながら、旅に関わる書籍を読み返した。そこには旅の本質が書かれていた。


旅をして、車窓から「お前は書けるのか」と問いかけられたい。

# そうだ！　会社を辞めよう

カナダは私の第二の故郷。

20代の頃、アルバータ州のカルガリーという街で暮らしていた。

「そうだ、会社を辞めよう」

と20代の私が決意した島は、カナダ・プリンスエドワード島のシャーロットタウン。

この島と出会わなかったらサラリーマンはきっと辞めていなかったし、会社を作ることもなかった。障害者、高齢者向けの旅づくりをする人生は選ばなかっただろう。つくづく人生とは不思議なものだと思う。


今、悩める若い方から相談を受けることも多いのだが、真面目な人ほど、キャリア形成との言葉にとらわれて、自分のライフスタイルを正確に設計しようとする思考が強い。株主総会に出すためだけに作られる企業の中長期計画が、絵に描いた餅でしかないのと同じだ。中長期の経営計画が、その通りに実行されるなどと信じているおめでたい人はいないはずだ。茶番とわかっていても作って出さないといけない。企業なら後からいくらでも言い訳ができる。環境のせいにすればお咎めなしだ。

自分の人生なんて、誰かに見せるためのものではないし、失敗の言い訳を誰かにする必要もない。その日その日を生きた自分の納得感が何よりも大切なはずだ。

その意味において、明確に自分が叶えたい目標や夢がある人以外は、人生の設計図など意味がない。もちろん行き当たりばったりということではない。人生は計画通りにいかないものだ。

人生は何がどう転ぶかわからないのだから、目の前にある今を全力で生きてほしい。仮に美しい台本がかけたとしても、その台本どおりに生きる毎日などつまらないのではないか。

私の人生は予定不調和だらけだ。そして人生の分岐点ではどちらに進むかをほぼ直感で決めてきた。物事に正解はない。人生に良いも悪いもない。棺桶に入るときに「あー楽しかった」と周囲に感謝しながら旅立つことができれば、それでよし。

名声や財産はあちらへは持っていけないのだ。

この仕事をしていて、台本どおりの人生などひとつもないということをお客様から教えていただいている。

事故や病気で障害を持つに至ったり、家族の介護で自分が思うのと違う生活を余儀なくされたりする人の、なんと多いことか。自分ではどうすることもできない不可抗力で、人生計画が狂うことなど誰にでもある。

それでも、人は前を向いて生きていくしかない。

私自身、順風満帆とはほど遠い人生を送っているけれど、天から旅を生業とする役割を任されたことは、ありがたいと感じている。英語でいうところのCalling（天職）である。やりがいともちょっとニュアンスが異なる。

良い悪いではなく、好き嫌いでもなく、天から「そこのあなた。これ、ちょっとやってみて」といきなりバトンを渡されるような感覚である。

情熱とか志とも違う。夢や目標でもない。

天職という言葉の本質が最近ようやくわかるようになってきた気がする。

20代での生まれて初めての海外旅行。あの時もカナダの旅はモントリオールから始まった。サラリーマンの単調な生活にやや疲れが見え、プライベートでも悩みを抱え、上司との折り合いも微妙で悶々としていたある日のこと。

当時、電車の車掌をしていた私は、明け番で特急ロマンスカーに乗務していた。天気のよい日だった。抜けるような青空に富士山が見えていたのもよく覚えている。

特急ロマンスカーが田園風景の中を走り抜けていたある瞬間、天から一筋の光が見えた。

今この話をすると幻覚症状が出たのかと思われそうだが、一筋の光とともに、

「お前はこのまま人生を終えるべきじゃない。世界は広いぞ、地球は大きいぞ。外国に飛びたて」

と、まさに天の声が聞こえた。本当に聞こえたのだ。

このデジャブを、私はカナダの映画館で体験することになる。

ウィリアム・パトリック・キンセラ原作の『フィールド・オブ・ドリームス』とい

う映画をカルガリーで観た。ケビンコスナー扮するレイ・キンセラがある日の夕暮れ、広大なトウモロコシ畑で天からの不思議な声を聞く。

「If you build it, he will come.（それを作れば、彼がやって来る）」

私が特急列車に乗務していたときに聞いた天の声も、これに近かった。

「今、海外を旅すれば、あなたの人生が変わる」

私はロマンスカーの乗務を終えて車掌区に戻った。

「本日も異常ありません」

敬礼をし退室点呼を終えて、助役の後ろに座っていた佐々木区長のところへ向かった。

佐々木区長は、いつも笑顔で若い社員にも目をかけてくれる、優しいお父さんのような存在だった。

「区長、私は外国に行ったことがありません。海外旅行に行ってみたいので、1カ月ほど休みをもらえませんか」

若気の至りとはこのことである。

当時も乗務員の絶対数は不足しており、お互いがお互いを助け合う残業でなんとかやりくりをしていたのだ。年休も遠慮がちに取るのが当然で、いきなり1カ月休むなど、組織には迷惑でしかない。

ところが佐々木区長は「そうかそうか。いいことだぞ。若いうちに外国を見ておくのはいい。行っておいで」と快諾してくれたのだ。尻拭いをさせられる助役は苦虫を噛み潰していたが、私はその足で新宿まで行き、格安航空券を扱う旅行代理店に向かった。


行き先は決まっていなかった。

受付カウンターで「外国へ行ってみたいのですが」と相談すると「どこ行きの航空券ですか」と返された。行き先が決まらないとチケットは売れないという。

それはそうだ。

ちょっと考えた私は、まあ、初めて海外へ行くなら、まずはアメリカだろうと思い、「アメリカまで1枚お願いします」と元気よく答えた。

スタッフは顔色ひとつ変えずに「アメリカのどちらですか」と問い返す。

困ったな。どこかなんて決めてない。どこだっていいのだ。

少し考えた。アメリカの都市といえば、そうだ、ニューヨーク。

首都はワシントンだ。決めた。

ふたつの都市名を口にすると、スタッフは淡々とその場でチケットを発券してくれた。

格安航空券が30万円近くしたことはなんとなく覚えているが、外国に行ける高揚感でいっぱいだった。


生まれて初めての海外旅行のスタートがニューヨークだったのは、人生の衝撃としては充分過ぎた。空港に着き、到着ロビーを出た時の恐怖感は今でもはっきりと覚えている。映画のセットの中に放り込まれた感覚だった。黒人の白タクドライバーが何かを叫びながら客引きをしている。右も外人、左も外人。いや、外人は自分だ。その日のうちにワシントン行きの飛行機に乗り継ぎ、ホテルに着く頃には日もどっぷりと暮れていた。初日のホテルだけは決めておけと旅行会社の先輩にいわれて日本から身分不相応な高級ホテルを予約しておいたのだが、助言にしたがっておいてよかった。初海外の初日に、飛び込みで宿を探す勇気も語学力もなかったのだから。

翌日はホワイトハウスやスミソニアン博物館を訪ね、鉄道でニューヨークへ移動した。地球の歩き方を手に安宿を探し、ブロードウェイでミュージカルを鑑賞し、落書きで有名な地下鉄にも乗った。怖かった。自由の女神やエンパイアステートビルの展望台で撮った写真は今も残っている。

とはいえ、ニューヨークは外国初心者の私にはあまりにハードルが高かった。地球の歩き方で見つけたニューヨークのＹＷＣＡは激安であるがゆえの治安の悪さに驚きを隠せなかった。

ラウンジにたむろしている若者は大麻を吹かしながらラリっていた。こんなところにいたら何をされるかわからないと思い、早々に荷物をまとめて駅に向かった。とにかくここを逃げ出したかった。

さて、どこへ行こうと昔の上野駅のような巨大な列車案内板を見上げると、「モントリオール」と書かれた列車を見つけた。

「モントリオール？　そうだ、カナダへ行こう。アメリカはもういいや」

長大な客車列車の自由席に飛び乗った。疲れていたのかよく眠った。国境の駅でカナダの審査官に起こされた。威圧的な審査官が怒ったように問いかけてくるのだが、何をいっているのかまったく聞き取れない。身振り手振りでただの旅行者であることをアピールするのだが、宿も行き先も決めていないのだから、怪しまれるに決まっている。カナダの第一印象も、怖かったとしかいえない。

列車はなぜか定刻よりも大幅に遅れていて、モントリオールの駅に着いたのは深夜だった。また真っ暗な知らない街に放り出された。映画の撮影が終わったセットのように人気（ひとけ）がない街をバックパックを背負ってぐるぐる歩いた。地球の歩き方は不正確で道に迷った。これじゃ地球の迷い方だよと恨めしく思ったが、誰も責められない。誰にも助けを求められない。歩いている人を見つけて「この辺にホテルはありませんか」と尋ねてみるが、フランス語で何かいわれてもひとことも聞き取れない。

当時のモントリオールはフランス語を話さないと小馬鹿にされる感じはしたものの、英語だって満足に話せないのだからこちらの責任だ。

午前1時を回っていただろうか。1軒のホテルを見つけて飛び込んだ。「スイートルームなら空いてるよ」と、完全に足元を見られてとんでもない金額をいわれた。疲れ果てていたので仕方がない。泊まることにした。それでも、恐怖と威圧に包まれた怖いニューヨークと違い、カナダの街は旅人に寛容だった。

翌日、モントリオールから列車でオタワに移動した。オタワの街は美しかった。

オタワではユースホステルに長期滞在したのだが、ここのユースホステルは刑務所を改造していて部屋は独房だった。実際に使われていた独房がそのまま客室になっていて、ホラー映画のロケ地にいるようである。ちょうどハロウィンで、人生最初で最後の仮装大会に参加した。顔をペインティングしたのは初めてだったが、あれからやる機会がない。あってもやらないけど。

オタワのユースホステルでは世界中の若者と語り合った。英語はまったくできなかったけれど、身振り手振り、辞書を駆使して筆談でなんとかなる。彼ら彼女らも私の英語を丁寧に聞こうとしてくれたし、日本人に会うのは初めてだといって、日本のことをたくさん聞かれた。日本について、自分は何も知らないのだと痛感したのもこの時だ。

ユースホステルで知り合ったベルギーの女の子やアイルランドの男の子と住所を交換し、しばらく文通をしていたのも、今となっては懐かしい。英語で文通なんて青春そのものではないか。

さらに夜行列車で東へ向かい、ハリファックスの街に着いた。ここでもユースホステルに泊まり函館にある五稜郭のような場所にも足を運んだ。シタデルというらしい。

プロペラ機に乗り20分ほどで赤毛のアンの島、プリンスエドワード島に上陸した。日本を出て3週間近くが経過していた。ここまでまったくの行き当たりばったりの旅だったのだ。

プリンスエドワード島ではファームステイをした。そして3週間、一度も自宅に連絡をしていないことに気づいた。母親もさぞ心配していることだろう。農家で電話を借りるわけにもいかないので、いったん、街へ出た。シャーロットタウンの小さなショッピングモールで銀行を見つけて、25セント硬貨が大量にほしいと両替をお願いをしたら、ものすごく変な顔をされたのもはっきりと覚えている。

当時は携帯電話もなく、国際電話はコレクトコールでの呼び出しがメイン。とはいえ、恐らく10分程度の電話でも数千円から1万円近くする時代だったので、公衆電話に25セント硬貨を大量投入しながら母に電話をした。小学生が学校から帰ってきてお母さんに爆裂トークをするような勢いで興奮しながらカナダの様子を伝えたのを覚えている。

そう、旅の記憶は断片的に何十年も残るものなのだ。そして印象に残っている瞬間は、絶景を見たとか高級レストランで食事をしたようなことではなく、両替に手こずったとか、ビールを注文したら牛乳が出てきたとか、そんなたわいないことだったりする。

「今、海外を旅すれば、あなたの人生が変わる」

と天から声が聞こえた意味が、プリンスエドワード島で繋がったのだ。

小島がカゴから出て外の世界に気づいてしまったような感覚だ。

カナダから帰国した私は、翌日出社して、佐々木区長にお礼をいった。

「区長、ありがとうございました。素晴らしい経験になりました。ついては、退職させてください」

恩を仇で返すとは、このことだろう。

今、考えても失礼極まりない若者だったと冷や汗がでる。

ところが佐々木区長は「いいよ、高萩君はきっと、そういうと思っていたよ」退職をその場で認めてくれたのだった。人生の大先輩はすべてお見通しだったのだ。

30年の時を経てプリンスエドワード島を再訪した。

公衆電話から母に電話したモールは健在だった。

人生を大きく変えるきっかけになったプリンスエドワード島にお客様と再訪できるなんて、神様のご褒美に決まっている。それもカナダの最初の訪問地、モントリオールのおまけつきだ。

モントリオールの街も30年前と風情はまったく変わっていなかった。新しいビルは建っていたが、歴史的建造物はそのまま私を迎えてくれた。プリンスエドワード島も、私が25セント硬貨を握りしめて自宅に電話したあの時と変わらぬまま私たちを包み込んでくれたのだった。

坂道の多いモントリオールではガイドブックに書かれている有名な観光地には行かなかった。現地ガイドさんへのリクエストは、地元のスーパーマーケットと自由市場へ行くこと。それとリスがいる公園でのんびりしたい。この3つだった。

旅先でスーパーマーケットに立ち寄ることが好きな旅人は多いはずだ。観光客向けの代わり映えのしない、そして割高な商品が無機質に並んでいるのではなく、スーパーマーケットには生活の息吹がある。自由市場も同じだ。野菜を日本には持ち帰れないので茹でたとうもろこしを買ってベンチに座りかじった。

公園をリクエストしたのは、市民が集いくつろぐ広大な公園こそがカナダらしいと知っているからだ。初めてのカナダ旅行がきっかけで、その後、アルバータ州のカルガリーに数年住んでいたのだが、とにかく街のあちこちに公園がある。ジョギングする人、ベンチで読書をする人、駆け回る子供達。カナダの日常の光景を旅人にも触れてほしかった。

その時間はどんな名勝旧跡に行くよりも価値があるものだと信じている。日本の観光地を旅すると、風景が驚くほど変わっていることも多い。古い建物を壊し、全国のどこへ行っても金太郎飴のような建築物を建ててしまうのはなぜだろう。県庁所在地の駅前など、どこも同じだ。一見、スタイリッシュに見えるが私には無機質に感じられる。

心の中で30年前を思い出しながら、プリンスエドワード島の旅を終え、帰国した。出発直前に台風が関西を襲い、飛行機が欠航になるのではないかと危惧したが、現地ではこれ以上ないというくらいの快晴だった。帰国時、お客様が成田空港のお手洗いに杖を忘れてしまい、税関を逆戻りする経験を初めてしたのもよい思い出だ。

「杖を忘れてしまうほどお元気になられた旅」は、私たちベルテンポの誇りだ。

30年の時を経て、旅で元気になり、杖をうっかり忘れてしまうカナダの旅を創れたことは、天の声に従ったからこそ完成したのだと自負している。

次回は車イスを忘れてもらうことを目標に、お客様共々パワーアップした旅をしたい。


人生に無駄なことなどひとつもない。

すべては繋がっているのだ。

# ごめんね子供たち

障害者、高齢者向けの旅のサポートをする時に心がけていることがある。

それは当事者だけではなく、24時間３６５日支え続ける家族をむしろ主役に考えるということだ。

当たり前のことだが、障害者の旅づくりは、障害がある本人を中心に考える。段差のこと、トイレのこと、移動のこと、ホテルや旅館のこと、食事のこと。ヒアリングをしていても、「うちの主人は」「うちの子供は」と障害や病気の特性、必要な配慮について延々と語られることも多い。

当然であり、仕方のないことで、旅を失敗したくない不安や恐怖から、障害や病気のことをとにかくわかってほしいとの想いから伝えたいことが多くなる。

伝えておきたいと感じていることは遮らずにすべて言葉にしてもらうよう心がけている。いいたいことを充分に聞いてもらえる環境を提供することは大切だ。

特別支援学校に子供が通っているというお母さんから旅の相談を受けた。

「この子が通う高等部では、飛行機に乗って修学旅行に行くのが定番でした。生まれつき障害があるこの子は飛行機に初めて乗れるからと、修学旅行を楽しみにしていたのです。ところが今年の修学旅行は飛行機ではなく、バスを使うことになりました。理由は同学年に重度障害の子が多く、旅程管理が難しいと旅行会社にいわれたからだそうです。親子で落ち込みました。あんなに楽しみにしていたのに。代わりに家族でどこかへ連れて行ってあげられたらよいのですが、障害がある子供を連れて飛行機で遠くへ行く自信がありません。この子を飛行機に乗せてあげたいのです。行き先はどこでもかまいません。大阪への日帰りでもいいから飛行機に乗せてあげたいのです」

そう語るお母さんは、「この子を飛行機に乗せてあげたい」と繰り返し呟いていた。

初めて会うお母さんが涙目で私に懇願する姿を見ながら、こう考えた。

そうか、お母さんもこの子を産んでから17年、一度も飛行機に乗っていないんだな。と。障害がある子供を育てている親御さん、特にお母さんは抑圧的になりがちだ。自分だけが何かを楽しむことを制限した毎日を送っていることが多い。それは中途障害で病に倒れたご主人を置いて、奥様が友達と旅に出にくいのと一緒だ。

私はお母さんの話が途切れるのを待って伝えた。

「わかりました。飛行機には乗れます。修学旅行で飛行機に乗れなかったお友達にもぜひ声をかけてください。一緒に飛行機に乗りましょう。行き先は、せっかくだから北海道にしましょう」

鳩が豆鉄砲を食ったように目をまん丸くしたお母さんは、

「北海道？」

と呟いたあとこういった。

「え、私、北海道に行けるんですか？」

主語が「私」に変わっている。


結局、修学旅行がバスに切り替わってしまい飛行機に乗り損ねてしまった子供たちとお母さんほとんど全員が参加することになった北海道の旅。

不安を口にするお母さんには「不安は子供たちに伝染しますから、楽しみ、楽しみ、とだけ呟いていてくださいね」と釘を刺して、不安ではなく「必要な配慮」に言葉を置き換えることも忘れなかった。

言葉は言霊というくらい大切なのだ。不安を山ほど抱えた旅が成功することはない。障害者が旅をするとき、必要なことは不安の解消ではなく、必要な配慮を可視化することだと考えている。

手配における配慮は、障害の有無に関係なくよくあることだ。不安は主観だから共感を重ねて丁寧に話を聞き取ることで安心に変わることが多い。状況は何も変わっていないにも関わらず。

例えば、「雨が降ったらどうしよう」と不安に苛まれる人に対して、あなたならどう助言するだろうか。天気予報をネットで調べて降水確率80パーセントだったとしたら。

私は預言者でもなければ天気の子でもないので、当日の天候をコントロールすることはできない。不安が先に来る人は生真面目な人が多い。だから雨対策をしっかりとしてしまう。傘やレインコートを買いに行き、使い捨てカイロを準備し、雨の日でも楽しめるプランを考えてほしいと懇願する。

私は旅に傘を持っていかない。傘をリュックに入れた瞬間、負けた気がするからだ。雨が降ったら降ったで楽しめることを20年の経験で知っている。それは代案が良いか悪いかではなく、旅先でどんな時を過ごすかだ。

雨が降ることを、天気が崩れる、天気が悪いと表現するのもどうかと思う。恵みの雨ともいうではないか。

スイスを旅した時、大雨が続いたことがある。名峰は雲の中。雨が強すぎて外にも出られない。現地のガイドさんが「外に出ても風邪を引くだけですから、カフェでお茶会にしましょう」と機転を利かせて旅のエピソードを語り部のように、心地よく伝えてくれた。

ある中年男性がツアーに1人で参加していて、マッターホルンの見える展望台でカメラのシャッターを押してほしいといってきた。もちろんですと応じてカメラを男性に向けると、「ちょっと待ってくださいね」と胸元のネックレスをごそごそと引っ張り出した。シャッターを押したあと、何か大切なネックレスなのですかと聞くと、妻の写真が入っているんですと、ペンダントを見せてくれたそうだ。奥様と定年になったらスイスを旅しようと約束していたのだけど、定年を待たずに病気になり、先に天国に行ってしまったのだ。「ようやく連れて来られました」と男性は笑顔でいった。ガイドさんは、この話をしてくれている最中、泣き出してしまい、私たちももらい泣き。カフェで流した涙がこの旅のいちばんの思い出。本当に優しいガイドさんだった。マッターホルンは見えなかったけれど、生涯の記憶に残る旅ができたことは間違いない。旅に天候は関係ないのだ。

新型コロナ騒ぎの前。ちょっと仕事をしようとカフェに入ったときのこと。レジで私の後ろに並んだ女性ふたりがパフェを注文し、「ごめんね、子供たち」とつぶやいたのが聞こえた。

子供を幼稚園か保育園にお迎えに行く前の僅かな時間。お母さんが自分へのご褒美にパフェを食べにきていた。そのつぶやきを耳にして、私はある出来事を思い出した。

ケーキ関連業界の講演会の講師を引き受け、サービスやバリアフリーの話をした後の質疑応答で、洋菓子店のオーナーからこんな質問が出た。

「アレルギーでケーキが食べられない子供たちがいます。洋菓子店を経営するものとして、ボランティアでいいからクリスマスにアレルギーの子供たちでも食べられるケーキをプレゼントしたいのです。でも、クリスマスは本業が忙しくて、特別なことができないのです。何か、私にもできる社会貢献はないでしょうか？」


そんな趣旨の質問だったと記憶している。私は答えた。

「アレルギーの子供でも食べられるケーキを特別に作るのは素晴らしい取り組みです。できる人はやったらいいと思います。でも、私だったらこう考えます。アレルギーでケーキが食べられない子供さんのお母さんも、おそらく何年もケーキを食べていないはず。子供が食べられないのに、自分だけ食べる訳にいきません。アレルギーを持つ子供のお母さんは、私が知る限り自分を責めてしまっています。『辛い思いさせてごめんね』と。

そんな苦しい思いをしているお母さんに『お母さん、今日は子供がいないのだから、ボクが作ったとっておきのケーキを食べてください。そして笑顔で帰宅して、子供さんに笑顔で接してあげてください。ボクたちは子供たちだけじゃなくて、お母さんが笑顔になるためにケーキを作っているのです』と声をかけてあげてください」

障害がある子供のお母さんや、ご主人が病気でリハビリを続けている奥さまなどは、自分のことなど棚に上げて、とにかく障害や病気があるご本人のことだけを考える。

私は「障害がある方やご病気をされている方の旅」ではなく、ご家族が「楽しい！」と感じる旅を創りたい。旅を創るときはあえて、障害がある方や病気をされているご本人ではなく、ご家族の思いや希望にスポットを強く当てて行きたい。

社会貢献は特別なことではなく、無料で何かをしてあげることでもない。今、自分がプロとして手掛けているフィールドでできることがたくさんあると気づいてほしい。いってみれば日々の仕事がすでに社会貢献なのだから。

大きなパフェを頼んだお母さん。後ろの席で「ごめんね、子供たち」と3回、つぶやいていたが5分足らずでパフェを完食していた。
今日はパフェパワーで、笑顔で子供たちを迎えることだろう。
たとえ子供たちが泥だらけで帰宅しても、宿題をやっていなくても。
お母さん、口の周りに何かついているけど、大丈夫かな。

# 64
# 休もうよ　ゆっくりしよう

ベルテンポという会社を始めて20年以上が経つ。

「ベルテンポってどんな意味ですか?」と聞かれることが多い。領収書をもらうと「デルテンポ」「ベル店舗」「ベルモンテ」などまともに書いてもらえたことがない。会社名は私が名付けたわけではなく、サラリーマン時代お世話になっていた広告代理店の社長さんにプレゼントしてもらった。「イタリア語がいいと思います」と20個くらいのイタリア語の候補の中にベルテンポを見つけ、「良い天気」という意味だったので、これでいいやと軽い気持ちでつけたのだ。

サラリーマンが務まらずに会社を飛び出してしまい、別に創業したかったとか、やりたいことがあると夢や希望に燃えて会社を始めたわけではない。とはいえ、そのくらい肩の力が抜けている方が、いろいろとうまくいくのだとも思う。

ベルテンポを創業して、とにかく自分がサラリーマン時代に嫌だったこと、やりたくなかったこと、ストレスに感じていたことを書き出して、その逆で行こうと、それだけは決めた。

やりたいことを書き出したのではなく、やりたくないことを書き出してみたのだ。

例えばこんなことだ。

無駄な朝礼
生産性ゼロの会議
折り返しの電話メモ
突然の来客
テレアポ
訪問営業
波長の合わない顧客に合わせる

## 付き合いの飲み会
## プライベートの時間を奪うすべてのこと

鉄道会社勤務時代も残業は50時間から80時間をゆうに超えていたし、旅行会社勤務時代は終電で帰れることが奇跡だった。どちらも仕事そのものは好きだったので若かったこともあり、激務にも耐えていたが、激務が嫌というよりも、生産性を著しく低下させる組織運営が苦手だった。


これは組織そのものを批判しているのではない。

私が組織に順応できない人間だというだけだ。誤解のないようにお願いしたい。

会社を始めた日のことは今でもよく覚えている。自分の誕生日すら忘れてしまいがちだが、創立記念日は自分のいちばんの記念日だ。創立記念日だからといって、特に行事があるわけではないが、やはり自分で作った会社。自分の誕生日より、創立記念日のほうが感慨深いのは事実だ。

平成11年（1999年）6月8日。仏滅。

西新宿のワンルームマンションでベルテンポ・トラベル・アンドコンサルタンツを創業した。社員1人、社長1人の小さな会社で、創業時は机も椅子も間に合わず、いや、お金がなくて買えず、引越しの段ボール箱をひっくり返して机がわりにしていた。なんの不自由もなかった。当たり前だが、知名度ゼロ、創業したことを誰も知らないのだから、電話など1本もかかってこない。あまりに暇で毎日掃除ばかりしていた。あの頃のオフィスがもっとも綺麗だったはずだ。書類も少なかった。段ボール箱で仕事をしていたあの日に戻りたい。

会社は創業以来ダウンサイジングを続けている。

今はシェアオフィスとテレワークで仕事をしているがなんの不自由もない。

まさかのコロナで旅の仕事がなくなった。旅を生業とする私としては大打撃どころではない。崖っぷちでふらふらしていて、人差し指でちょんと押されたら、奈落の底へまっしぐらなのだけど、それでも、うちの会社が大変とか洒落にならないとかは、地球全体から見たら、どうってことはない話。なるようにしかならない。

そんなことよりも、私の最大の関心ごとは日本社会が前に進むのか、元に戻るのか。

そこだけだ。

行き過ぎた経済活動や環境破壊やブラック、パワハラ、カスハラ、部活至上主義の学校、先生の疲弊、いつまでも変わらない旧来型ハンコシステム、昭和を引きずった価値観や長時間労働。大量の廃棄ロス、原発どうする……。

これらの、

「こんなことではダメだよね。人間も壊れるけど地球も壊れるよね」

と薄々気づいていたけれど、日常の些事に忙殺されて見失っていた大切なことを、取り戻す動きが主流になるのか、昭和の成功体験に戻るのか。

ストローを紙にするとかレジ袋を有料にするとか、個別の話ではなくて、人間、もっと穏やかに静かに生きる毎日があってもいいのではないかと、改めて思う。

深夜営業も土日営業も、割となくても大丈夫だと気づき、お店が開いていることが当たり前ではないと気づいた私たちは、お店が開いているという事実に感謝できるようになった。

働きすぎの社会全体を、少しだけ見直して、もっと休もうよと声を大にしていいたい。

先日、和歌山県新宮の寿司屋の若大将とオンラインミーティングをした。

「僕は実家が商売をしていたから、家族で旅行に行ったことがあまりないんです」という。実家が商売をしていたり、親が土日も正月も仕事だったりすると「家族揃って、どこかに出かける」ことはなかなかできない。

海外旅行が空前のブームなんて浮かれたニュースを聞いたことがあるが、海外になんども出かけられる人は、人口の1割もいないのだ。

休もう。

コロナでステイホームしていても、まあ、なんとかなったわけだ。テレワークなんて日本に根付くには百年かかるかと思っていたが、意外にも「会社行かなくて大丈夫そう」だと多くの人が気づいてしまった。良くも悪くも、コロナが日本ではあり得なかったはずの社会を創造してしまった。

パンドラの箱が開いたのだ。


日本でも「社員が休んでも大丈夫な組織」を作り直すチャンス到来だ。


フランスでは最低3週間の休暇が義務付けられていて、職業に関係なく、誰もが長い休みを取ることはよく知られている。

スイス・ミューレンのホテルオーナーに聞いたのだが、年間を通じて営業するのは10カ月だけ。5月と11月に1カ月ほどホテルを閉めて、スタッフはロングバケーション、施設は計画的にメンテナンスをするという。

10カ月で12カ月分の売り上げを立てる事業計画を作っていると話してくれたが、繁忙期と閑散期があるのは日本でも同じ環境だ。私はベーシックインカム導入賛成派だが、社会全体が本気で働き過ぎはもうやめようと決意すれば、できないことなど何もない。

日本人にとって、会社や学校は耐え忍ぶ場所なのだろうか。

1カ月休める社会は作れるはずだ。ポルトガルやスイスやフランスにできて日本にできないはずがない。
そうはいっても大企業はなかなかね。
そんな声が聞こえてくる。
わかりました。
それなら無理はいわないので、どうぞそのままで。

家族経営で知名度もブランド力もないけれど、社長以下、新入社員やパート、アルバイトさんまで休みが自由に取れて、ライフスタイルに合わせた柔軟な働き方ができる。そんな人生があったら、そのほうがよくないだろうか。ある意味、今回のコロナで経営の本質も見えてきた。

掲げている看板と内実の違い。

就活している学生さんは、そのあたりはしっかり見ておいたほうがいいし、よもや、昔に戻ろうとする企業は選ばないほうがいい。就活なんてレールからは降りるのがいちばんだけど、これからの社会は自分たちが作るのだというくらいの気概がほしい。

「みんな、もっと休もうよ、ゆっくりしようよ」

12カ月の売り上げを10カ月で得る。美容師なら夜は18時でお店を閉める。飲食店なら土日を休む。

ＳＮＳでこんな発信をすると、土日なんて休めねーよ、ふざけるなという罵声を浴びるのだけど、病気になったら店は閉めるはず。

かくいう私も「俺がいなきゃ、会社はまわせねー」と信じていたが、網膜剥離の手術をして視力を失ってしまい、３カ月近く現場を離れた。まさかの坂は突然やって来たけれど、でも、なんとかなったことにいちばん驚いたのも私だった。

拍子抜けした。社長がいなくても大丈夫なんだ。

社員から社長までがいつでも休める状態にするのが、実は最大のリスクマネジメントではないだろうか。ゆっくり、のんびり船を漕いで前に進んで行こう。

コロナで、私たちは何よりも温かな人と人の繋がりを渇望していることに気づいた。

不本意な上司との飲み会や不要不急の会議がなくなったことは良かった。歓送迎会や社員旅行などこのまま根絶してほしいと願う若い人も多いだろう。

日本人は「世の中を変えてくれるカリスマリーダー」を求める傾向にある。誰かに「変えてほしい」のだ。他力本願。でも、それではいつまでたっても何も変わらない。新しいリーダーにもまた不満が募るのだ。それは政治を見ていればわかる。誰かに期待するのではなく、一人ひとりが、自分の頭で考えて、自分の意思で行動しよう。

価値を共有できる仲間が緩やかに、穏やかに集まれば、社会は必ず変わる。

旅をして、読書をして、人に会い、視座を広げよう。

# 誕生日以上に大切にしている日

SNSのタイムラインに流れてくる「お誕生日おめでとうございます！」のお祝いメッセージが苦手だ。人さまの誕生日を祝うのはかまわないのだが、自分が祝福される側になると面映ゆい。その理由は単純明快で、自分ではそれほどおめでたいとは感じていないからだ。

冷めているとか親に感謝していないとか、そういう話ではなくて、人生の価値軸がどこにあるのかは人それぞれだといいたい。自分の価値観を人に押し付けることだけはしたくない。フェイスブックには誕生日を非公開にする機能があると知り設定を変えてみたら、翌年からはお祝いメッセージがピタリと止まった（当たり前だけど）。それでいいのだ。

同じ理由で飲食店で盛大に行われているサプライズパーティーなるものも苦手だ。主賓は本当に自分がこれからサプライズで脅かされることに気づいていないのだろうか。それとも薄々感づいていても、気がつかないふりをしてあげているのだろうか。赤の他人が近くのテーブルでお祝いされているのを見ると落ち着かない。子供はいいと思う。でも大人ならせめて個室でやってほしい。

あの妙なサプライズ文化は誰がいつ頃、持ち込んだのだろう。日本人には馴染まないと思うのだが、今は大人でも、やらされ感満載の店員がハッピーバースデーの大合唱をしてくれると、感涙にむせぶのだろうか。

スイスを旅した時、インターラーケンのホテルで食事をした。それほど混んではいなかったが、お客様の1人が誕生日だったので、私はご本人に「今日はお誕生日ですね。おめでとうございます。ご迷惑でなかったら夕食の時にケーキをお出ししようと思うのですが、いかがですか」と訪ねた。

私は旅の途中、お客様が誕生日をお迎えになる時や還暦などの記念旅行をされるとき、事前に旅行中にお祝いを希望するか、確認するようにしている。「ありがとうございます。ぜひお願いします」とおっしゃる方もいれば「お気持ちだけでけっこうです」と辞退される方もいる。それぞれの考えを尊重するのは当然だし、私の自己満足で旅を運営している訳でもない。

この時のお客様はご夫婦で参加されていたので、「他の方のご迷惑にならないなら、よい記念なのでぜひお願いします」とのことだった。レストランに趣旨を伝えてケーキをオーダーしておいた。食事がひと段落した頃、レストランのスタッフが他のテーブルに声をかけて回っていた。

何を聞いているのか耳をすませていたら、「これからバースデーケーキを運ぶので、電気を消しても大丈夫か」と確認していたのだった。なるほど、この空間は私たちだけのものではない。当然だが、他に食事をしている人たちを不快にさせてまで、私たちのお祝いを優先させるのもおかしな話だ。

電気が消され、ロウソクに火が灯されたケーキが静かに運ばれてきて、私たちは静かにお祝いした。歌がなくても拍手がなくても、ご夫妻にはよい記念になったはずだ。

私は席を立つ時、近くのテーブルのいくつかにお礼のひと声をかけて回った。どの人たちも「ハッピーバースデー」と返してくれた。

誕生日は静かに祝うのがいい。

創業して何年目か忘れたが、旅行倶楽部の会員向けに「あなたの記念日を教えてください キャンペーン」という企画をしたことがある。1等景品はディズニーランドのペアチケット。他にビール券やお米券などを準備して、それぞれの記念日を教えてもらった。当社の取り組みとしては最大の反応があったと記憶しているが、印象に残っているのは誕生日をあげた人は1人もいなかったことだった。

いちばん多かった記念日は何だろうか。

これはクイズにしても誰も当てられないと思う。

旅行倶楽部のメンバーでいちばん多かった記念日は、「病に倒れた日」だったのだ。脳血管障害などで倒れ救急搬送された日は、本人はもちろん家族も鮮明に記憶していることだろう。その日を境に人生が180度変わるのだから。ワンちゃんなどペットが我が家にやってきた日も多かった。記念日キャンペーンで感じたことは、それぞれの胸の中にある想いは、外からはわからないということであり、思い込みや価値観を強制してはいけないということだった。

誕生日には多くの方からお祝いのメッセージが集まることも多い。SNSなどでたくさんの声が集まり幸せな気持ちになる人もいるだろう。繰り返すが私は面映ゆい気持ちが強く、誕生日はどこかに隠れていたい人間である。誕生日を覚えてくれている人からの手紙やメッセージは純粋に嬉しいが、SNSでタイムラインに流れてきたからコメントしておこう、というくらいの関係性なら、お祝いしなくていいと思ってしまう。偏屈だろうか。

SNSでお手軽メッセージを送って満足している人に伝えたいのが、それぞれ誕生日以上に大切にしている日が胸の内にあるということだ。誰かに声高に主張することではなく、自分の胸のうちに持っているもの。記念日とは少し違うけれど、それは命日だ。

誕生日を共に祝うのも悪くないが、家族だったり、親友だったり、大切な人の命日に共に手を合わせる時間を忘れずにいたい。

大切な人は、あちらの世に先に出かけていても、いつもあなたのそばにいてくれる。

# 年齢は単なる数字に過ぎない
## Age is a just number

日々の暮らしの中で無意識のうちにとらわれていることがたくさんある。
その最たるものが、年齢。

もう年だから
この歳になって
もっと若いうちにやっておきたかった

日本では社会が年齢相応を暗に求める文化がある。

## いい年をして年甲斐もなく

20代のころ、カナダで暮らしたことがあるが、30代のシングルマザーが赤ちゃんを抱っこしながら当たり前のように「来週からカレッジで学ぶことにしたの」と語っていたのを覚えている。シニア世代の夫婦がキャンピングカーで大陸横断するのも普通だ。腰の曲がったおじいちゃん、おばあちゃんが楽しそうにゴルフをしている。

日本ではお得意の同調圧力が存在し、変わったことをしようとすれば陰でいろいろとささやかれたり、直接ご指導を受けることも少なくない。着ている洋服の色が鮮やかなだけで笑われる世の中だ。そう考えると関西のヒョウ柄のスパッツをはく妙齢のご婦人を、私たちはもっと見習った方がいいのかもしれない。

高齢化社会が急速に進み、年金問題、医療費、介護費の増大など、日本では年を取ることが恐怖でしかない。テレビや新聞は高齢者の不安を煽る。蓄えを取り崩したくないのか高齢者は財布の紐を緩めることをしない。日本の経済を回し、日本の若者を応援するには、比較的可処分所得にゆとりのある高齢者が病院や接骨院に入り浸るのではなく、外食をしたり、旅に出たりするのがよい。

以前、ある地方都市でバリアフリーコンサルティングの仕事を引き受けた時、市内に住む比較的元気なお年寄りの集まる場所が大規模病院だったことに驚いた。温浴施設と間違えるような待合室には畳が敷いてあった。病気のお年寄りも、そこそこ元気なお年寄りも、病院の巡回バスで毎朝、病院に集まってくる。待合室は寄り合いのようになっており、「田中さん、最近、見かけないけどどうしたのかね」「具合でも悪いんじゃないの」と冗談にもならない会話が交わされていた。

病院が事実上、高齢者の社交場となっていることで医療費が増大しているのは明らかだ。百歩譲って、お年寄りが病院に通い詰めることで幸福を感じているなら、まだよいのだが、現実は違うだろう。通いつめれば薬の量は増え、日々の待ち時間の長さにイラついて大声を出す高齢者は少なくない。

いったい、誰得の世界なのか。長寿を誇る日本の実態がこれだ。

元気な高齢者が病院や施設に依存しすぎることで、本当に医療や介護が必要な人に、現場のリソースを投入できない苦労を、医療介護関係の人から聞くことも多い。不要不急の人たちの居場所が日本には、あまりに少ないのだ。

飲食店はどうだろう。平日の日中、確かにお年寄りの姿を多く見かける。車が運転できる人はまだいいだろう。免許を取り上げられたらどうするのだろう。飲食店には送迎の仕組みがない。

旅行はどうだろう。元気な高齢者は確かに旅をしている。ジパング倶楽部、大人の休日倶楽部などのシニア向け割引制度は、確実に高齢者の心を掴んでいる。飛行機にもシニア割引が存在する。

ところが、この割引制度が使える高齢者は、実はわずかなのだ。

そもそも、割引制度を知らない人も多いのだが、旅先でレンタカーを借りなければ身動きが取れない観光地が多すぎる。旅館も食事が多すぎるし、バリアフリーへの細やかな配慮がなされていない。旅を受け入れる側のシステムが高齢者向けではないのだ。

本音を聞くと、高齢者ではなく若い人に来てもらいたいらしい。理由は割と単純で、怪我をされたら困る、豪華な料理や豪華な部屋を注文してくれない、お酒を頼んでくれないなど。いや、有名観光地の多くは個人客には興味がなくて、インバウンドだ団体客だとまだ幻想を見ているところも多い。

とはいえ、日本では「高齢者の旅行」なるものに対するイメージがあまりに固定化してはいないだろうか。以前、大手旅行会社に勤務していた時、熟年海外旅行のパンフレットを製作していたが、地味な色合いにモデルのご夫婦はロマンスグレーの穏やかな表情。食事はカロリーに配慮し、日本茶をご用意、写真交換会を開催、のような定型パターンで作っていた。世の中の「リタイヤしたご夫婦はこんなイメージだよね」から1ミリも外れていない。今流行りの高級老人ホームのCMみたいだ。

ツアーの内容も高齢者の心を揺さぶらないし、実際に売れていない。

高齢者の定義がそもそも大きすぎる。これは障害者も同じだ。主語が大きすぎて、ひとくくりにできるような話ではないのだ。

高齢者や障害者がある方の旅のサポートをして、私はイメージが覆された。とにかく好奇心が旺盛であること、学びを止めないこと、そして、意外にも肉が大好きだということだ。弱者なんていう雰囲気は微塵もない。もちろん一部の「弱者を売りにする」ややこしい人たちは別だが。

確かに若い人よりも体力は落ちているし、たくさんの量は食べられない。とはいえ、知的好奇心を満たすためにコンフォートゾーンを出て、異文化に飛び込もうとする意欲は若い人たち以上かも知れない。

では、私を含む熟年世代以上の人たちは、どんな旅をするのがよいのか。ダイビングなどのマリンスポーツやパラセーリング、ハイキングなどを年齢に関係なく楽しむ姿は、同年代の励みになるだろう。

私がイメージする理想の旅の姿。それは、高齢者が楽しそうに、幸せそうに旅をしている姿を、若い世代や子供達に見せることに尽きると考えている。人と人のふれあいを大切にし、感謝の言葉をかけ、飲食店では気前よく注文する。なんならチップも払う。地域の食材やお土産をたくさん買って、意識して経済を回す。

高齢者が若いスタッフを怒鳴りつけるなんて論外だし、値切ったり、汚したり、地域の尊厳を傷つけるようなことは絶対にしてはいけない。年を重ねるほどに若い人への尊敬の気持ちを大切にしたい。

さまざまな社会のメインステージは若い人にバトンを渡すのが正解。

ここは間違えていないだろう。

生涯現役といい、高齢者が組織で若い人にポジションを譲らないのを見るとめまいがするが、私もそちら側の領域に足を突っ込んでいるのは確かだ。

これからどうするのか。

これまでの知見を次世代に伝承する。そう考えていたのだが、若かりし日々の成功自慢など今、ほとんど役に立たない。普遍的な真理や哲学はあるにせよ、我々の経験値など後輩に教える価値があるかは甚だ疑問だ。「俺の若かった頃は」などという話を聞きたい若者などいつの時代にもいるはずがない。

若い人には、こうアドバイスしたい。

先輩やお年寄りのいうことなど聞かなくてもいい。むしろいわれたことの逆を真理だと思うくらいでちょうどいい。上から目線で何かをいう人、威圧する人、謙虚さにかける先輩やお年寄りからは距離をおこう。

あなたたちの、フレッシュな脳みそと行動力で、どんどん思いついたことを行動に移して、たくさん失敗し、経験値を自分で積み上げていってほしい。


そして、若い人に尋ねたいことがある。

それは、あなたたちから見た「こうあってほしい高齢者の姿」を教えてほしいのだ。

私は世代が二極化、分断化することを望んでいない。高齢の人たちは、いつの時代も若い人から尊敬されてほしいし、人生の先輩たちも若い人を尊敬し、尊重してほしい。

過去の知見が多少なりとも若い人の役に立つなら、YouTube動画で残しておこうと思う。私がこの世を去っても、誰かが「参考になるなあ」と思ってくれるなら本望だ。

私はこれからどう生きていくかのヒントを、カナダビクトリア大学のダン教授から受け取った。

明治大学の菊池教授、町田教授の紹介で、カナダビクトリア大学のダン教授と意見交換をする機会があった。居酒屋でお酒を酌み交わしながら、懐かしいカナダの話に花が咲いたのだが、アイルランドにルーツを持つカナダ人のダン教授は、私がやってきたこと、これからやろうとしていることを冷静に分析して、的確なアドバイスをくれた。

そのアドバイスとは、「もっと視野をグローバルに持った方がよい」だった。

仕事柄、海外に足を運ぶことも多いので、グローバルな感覚を持っているつもりでいた。とはいえ、30年以上続けた旅の仕事の未来を考えたとき、そのロードマップの中に明確にグローバルな思考を重ね合わせていたかというと疑問だ。

旅行業界
旅行代理店
旅行業法
業界の慣習

これらに反発しながら、顧客視点の旅をしているつもりだった。しかしまだまだ「古い思考」に自らがどっぷりと浸かっていることに改めて気づかされた。

自分では自分のことはわからないものだがダン教授は、私の会社がやっていることはまさしくイノベーティブであるといい、あなたの会社のアドベンチャーをこれからも応援するよとまでいってくれた。

アドベンチャー（＝冒険）なら年齢は関係なさそうだ。

規制や古い体質、思考と闘っていると考えると疲れるのだが、新たな冒険にチャレンジしているのだと思えば、楽しくなってくる。元々がパイオニアスピリットをベースとした仕事をやってきたのだから。

足元をしっかりと固めながら、新たな冒険にチャレンジしよう。

自分がやっていることが未来への冒険につながる。

この視点は私のこれからの行動の基準になるだろう。若い人の邪魔をするのではなく、若い人と共に切磋琢磨しながら、新しいことに向かって行こう。1万人の同じ思いを持つ仲間がプラスのエネルギーを送ることで事業として成り立ってもらう。

社会課題解決型ビジネス（ソーシャル・ビジネス）。

一般的な会社では金銭的な利潤を第一に追求する。当たり前のことだ。

一方、ソーシャル・ビジネスを展開する会社では利他の心を持って、金銭よりも社会的な利益を追求するとされている。

ノーベル平和賞受賞者で経済学者のムハマド・ユヌス博士が著書『貧困のない世界を創る　ソーシャル・ビジネスと新しい資本主義』で定義した「利他の心を持って、金銭よりも社会的な利益を追求する」は難しいのだ。

アメリカや海外では社会貢献型ビジネスが、なぜ成り立つかというと、

給与水準は民間に引けを取らない（仕事として認知されている）
人気の職業である（良い人材が集まる）
企業のＣＳＲ意識が高い（企業の社会的責任）
富裕層のパトロンが多い
有能なファンドレイザーがいる

ということで、日本とは条件が違いすぎる。

中国の巨大企業、アリペイを紹介した『アントフィナンシャルの成功法則』を読んだ。アントは蟻。アントという名には「小さなことを皆で力を合わせて行い、目的を遂行する」という意味が込められている。「小さなことを皆で力を合わせて行う」ことで、社会的意義の高い事業やそれを手がけている人を応援したいと考えている。私自身もこれまで数え切れないほど多くの人に支えられ、助けられて今がある。

アリペイは金融だが、私たちは融資ではなく小さなアリの投げ銭による応援、支援、貢献を目指す。クラウドファンディングみたいな旅かも知れないし、現地集合の旅みたいなスタイルになるかも知れない。出版事業ならCOOPみたいな共同購入のイメージが近いだろう。児童養護施設を卒業した若者が留学に行きたい、そんなケースなら私たち大人が全員、里親になる。一人ひとりの投げ銭の額は小さくても、何より「応援者がいる」ことが大きな力になるのだ。

真面目に孤軍奮闘している人
良いことをしているのだけど知られていない人
残さなければいけない大切なことをやり続けている人

そんな孤軍奮闘する人を、1万人の同じ思いを持つ仲間がプラスのエネルギーを送ることで事業として成り立ってもらう。

そして、若い人が生きる力をつけることも応援したい。

不安定な社会に飲まれ、生きることが決して上手ではない若い人が未来に希望を見出せない国、日本。そんなモヤモヤした霧が立ち込める社会に一筋の光をさす。といっても、大げさなことは何もしない。想いと目指す未来を掲げて、共感、共鳴してくださる仲間と一緒に超緩やかな、出入り自由のコミュニティを作っていく。

損得ではない、ひたすら与え続けるプロジェクト。

返礼品は、応援する人と応援される人の笑顔だけで十分だ。

年齢は単なる数字に過ぎないのだと、一人でも多くの人に実感してもらうために、私はこれからも新しいことにチャレンジしていきたい。

評論家はいらない。

行動あるのみである。

# 車輪の一歩

今から20年前、いや30年近く前になるかも知れない。と、書きながら調べてみたら、１９７６年から82年までの大ヒットドラマだった。40年以上前のことだ。鶴田浩二主演のテレビドラマ『男達の旅路』に心を釘付けにされた。鶴田浩二の他に水谷豊、柴俊夫、桃井かおり、五十嵐淳子。思い出しても凄いキャストだ。

このドラマの中に『車輪の一歩』という忘れられない名作がある。

〈ウィキペディアよりあらすじを転載〉

脊髄損傷による身体障害者（車イス）の女性は母親の監視の元、自由に外に出ることができない。同じく身体障害者（車イス）の男性６人が女性に対して「外に出ようじゃないか」と誘いかける。女性はためらいつつも、一緒に外に出るが線路で車イスがはまってしまい抜け出せなくなる。すんでのところで女性は健常者に救出されるが帰宅途中に失禁してしまう。遮断機が降り、

母親は誘った男性たちを責め、主人公たちは母親にわびるが、母親はそっとしておいてください、とつっぱねる。女性は「母に逆らいたくないわ」というが主人公は「君はそれでいいの？」と問いかける。

ある朝ついに女性は皆の見守る中、駅に行き「誰か私を（階段の上まで）上げてください」と助けを求める。斉藤とも子、斎藤洋介、京本政樹らが障害を抱えながらもひたむきに生きる青年の役を好演。

〈ウィキペディアより転載、ここまで〉

斉藤とも子が演じる車イスを使う女の子や仲間達が、どうしても素直になれず、社会との接点が持てない中、鶴田浩二（吉岡晋太郎）がこう諭す。

「世の中にはかけていい迷惑とかけちゃいけない迷惑があるんだ。あなたたちのは、かけていい迷惑だと思う」

当時はまだ高校生。今のような仕事に就くなんて思ってもいなかったが、この時の鶴田浩二の言葉は私の座右の銘でもある。

障害者のお客様には、私の言葉でこう伝えている。

お客様、体に障害があると「人に迷惑かけちゃうから」って思うことがたくさんあると思うんです。でもね、私は「必要な配慮」と「わがまま」は違うと思います。「必要な配慮」は迷惑でもなんでもない。旅をするのに、立って歩くことができないなら、椅子をどかしてもらうとか、テーブルを動かしてもらうとか、してもらえばいい。膝が悪くて座敷にあぐらがかけないなら椅子を準備してもらえばいい。トイレが洋式でなければ用が足せないなら、そう伝えればいい。

それは迷惑なんかじゃなくて、単なる「旅に必要な配慮」です。加湿器を借りたいとか、固い枕じゃないと眠れない、と同じです。我がままにも、「いっていいわがまま」と「ルール違反のわがまま」があります。「いっていいわがまま」は、口にすればするほど、周りが笑顔になり、幸せになるわがままのことです。

障害者から、
「海に入ってみたい」
「ステーキが食べたい」
「温泉に入りたい」
「1人で旅がしたい」
「スイスに行きたい」
「ニューヨークでミュージカル三昧の旅がしたい」

そんな連絡が届くと、私たちは「笑顔」になる。とにかく無条件に嬉しいのだ。（参考までによくないわがままは、他人への配慮がない、自分勝手、いばる、妬む、取引を持ちかける、お金を値切るなど）

「自信がない」「ふんぎりがつかない」と悩み、踏み出せない人を無理に旅行へ引っ張り出しはしない。人それぞれ旅をしたくなる「タイミング」がいつか必ず来ると信じているからだ。とはいえ、行きたいけど遠慮している人も多い。

遠慮を脱ぎ捨てて、わがままを口にしてみよう。必要な配慮を、旅の安全な成功のために積み上げて準備していくのが私たちの役割なのだ。

遠慮は出逢いを逃がす。

尊敬する、作家の中谷彰宏さんのことばだ。
遠慮しているうちに人生が終わってしまう。
出かけよう。出かけて後悔した人は、過去、一人もいない。
これは事実だ。

安全と安心、そして快適が担保されれば、旅は必ずよいものになる。

# 旅の記憶は永遠に残る

旅をご一緒させていただいている方で鬼籍に入られる方も、残念だがいらっしゃる。これぱかりは仕方のないことだ。

会社を始めたばかりの頃、右も左も分からない状態で試行錯誤の繰り返しだった。そんな時、いつもお客様が助けてくれた。

「家族が安心して送り出せる会社になってね」

「財布を預けて細かいことを気にしなくても楽しめる旅がいいわ」

「ある程度、任せて寄り掛かるって、私たち（お客）の側にも必要なのよ」

「福祉施設の職員に、『おばあちゃん』ていわれたのよ、私は『あなたのおばあちゃんじゃありません』って答えたわ。失礼よね」

旅先でお客様が発するひと言、ひと言が値千金。マーケティングなどと大上段に構えなくても、答えは常に現場にある。雑談しているだけなのに、私が感激してすぐにメモを始めるから、お客様はいつも大笑いしていた。「そんな、メモするほどのことはないわよ」といいながら、大先輩は嬉しそうだった。私の会社のお客様はほぼ全員が、人生の大先輩。戦後の復興期を生きてきた百戦錬磨の人に小手先のテクニックなど通用しない。慇懃無礼なんてあり得ないが、逆に馴れ馴れしいのも違う。

畑中さんは80歳後半になり、視力がかなり落ちてきていたので、ひとりで集合場所まで行くには不安があり、ご家族も心配すると思ったので、いつも鶴見駅改札で待ち合わせをしていた。帰りも鶴見駅タクシー乗り場までお見送りしていた。何度旅を共にしただろう。100回近いかも知れない。ご家族が「ベルテンポさんなら安心して母を任せられる」と全幅の信頼をおいてくれていたので、家族のように、いや、家族以上に旅をした。

いちばん遠くまで出かけたのがカナダ・プリンスエドワード島。成田からトロントへのフライトが遅れ、予定のシャーロットタウン行きに乗り継げず、意図せず深夜のハリファックスへ飛ばされてしまった。午前1時をすぎた真っ暗闇の、冷たい雨が降るハリファックス空港で半泣きになりながらホテルの手配をしたのを思い出す。深夜で突然のこと、部屋数が足りず雑魚寝のような状態になってしまったのだが、「これも旅の醍醐味よ、戦争中はね……」と楽しそうに場を和ませてもくれた。

いちばん近くに出かけたのが最後の旅になった、新年の皇居一般参賀。息子さん、お嫁さんとご一緒だった。体調がすぐれなかったのですっかりご無沙汰しており、東京駅では50年ぶりに再会した恋人のようにハグしたのを覚えている。

ある日の午後、お嫁さんからメールが届いた。

「お義母さんが今日、旅立ちました。あちこち連れて行ってくださり、ありがとうございました」戦後の焼け野原から日本を復興させた世代の方と寝食を共にしながら、戦時中から戦後の話を旅行中にどれだけ聞かせていただいたかわからない。

多分、ご家族よりたくさんの話を聞いていると思う。

この仕事をしていると、いつか必ずお別れが来ることを覚悟しなければいけないこともあり、切ない。それでも、旅の記憶は永遠に残る。

形のない思い出が私たちの財産だ。

# いつもと違う道を散歩すれば それは旅

人生で初めての旅をあなたは覚えているだろうか。私はその時の情景の仔細が目に浮かび、あの時のワクワクしたいいようのない喜びを今も忘れることはない。

小学校低学年の頃、母が私たち兄妹3人を連れて、自宅から子供の足で20分ほどの大分川河畔へ連れて行ってくれた。当時はレジャーシートなどなかったからゴザを敷いたのだろうか、そこは覚えていない。目的は大分川鉄橋を渡る日豊(にっぽう)本線の汽車を見ること。キャッチボールや縄跳び、鬼ごっこをやった記憶はない。この頃からやはり少し変わった子供だった。日が暮れるまで、轟音と共に鉄橋を通過する特急、急行、普通列車を眺めては列車名を当てて母に自慢げに教えていた。

子供の私はもちろん飽きもしないのだけど、母が嫌な顔ひとつせず、日が暮れるまで付き合ってくれたことを今でもありがたく思う。昭和の古き良き時代、大分川鉄橋をヘッドマークをつけて誇らしげに駆け抜ける優等列車の数々。「富士」「彗星」「にちりん」「日向」「フェニックス」「ゆのか」。子供は優等列車が大好きだけど、当時は茶色い旧型客車も当たり前のように走っていた。写真を撮っておけばと悔やまれるがフィルムも現像代も安くはなく、今のようにスマホで何百枚でもという時代ではなかった。

すでにＳＬは日豊本線から引退していたが子供心を満足させるには充分な時間だった。母は大分川河畔に連れて行ってくれるとき、決まっていなり寿司を作ってくれた。私がこの世で大好きなものはふたつ。鉄道とおいなりさん。小さな旅が私の人生に与えた影響は計り知れない。

大分川鉄橋に行ったのが一度だけなのか、何度も連れて行ってもらったのか、記憶は定かではないのだが、鉄橋見物が高じて乗り物が好きになり中学生の頃には一人旅をするようになった。今のように携帯電話がある訳でもなく、よくぞ送り出してくれたと思う。可愛い子には旅をさせろのお手本のような母である。高校になると泊まりがけでも出してくれるようになったので、九州内の鉄道路線にはすべて乗ることができた。

旅は遠くへ行く必要などない。泊まりがけで行く必要もなければ、高級なレストランで食事をする必要もない。おにぎりとレジャーシートを持ち、バスや電車でいつもとは違うところへ出かければ、それはもう旅。裕福な家庭ではなかったからこそ、旅の原点を体で覚えることができたのだ。お金があると旅の本質からずれてしまうこともある。新幹線に乗るよりも鈍行列車に乗ることで見える世界は、子供にもある。

# 忘れ物の多い添乗員

忘れ物が多い。お客様ではなく私のことだ。さすがに旅先にお客様を忘れてくることはないといいたいところだが、忘れかけたことは何度かある。ごめんなさい。やってしまいがちなのが、ホテルのルームキー。チェックアウトのとき、散々お客様には確認しておきながら、自分はポケットに入れたまま。ホテルを出発し、ほどなく私の携帯電話が鳴る。

「すみません、部屋の鍵が戻ってきていないのですが」

誰ですか？

あ、たぶん常連のあのおばあちゃん。またやらかしましたか。鍵がひとつ戻ってきていないみたいですよ。ちょっと探してみてください。いやいや、さっき返しましたよ。おかしいですね、えーと、部屋番号は……。

私の部屋だ。

ポケットのこの異物は何？

「たいへん、恐れ入りますが、ちょっとだけ郵便局に寄らせていただきます」とバスを止め、レターパックで鍵をホテルに返したことがある。温かな失笑に包まれた車内。忘れたのが旅のリーダーでよかった。

お客様だと角が立つけど私なら笑われておしまいだ。

おそらく私は日本有数の「忘れ物をする人の気持ちがわかる旅のリーダー」だと確信している。人って忘れちゃう。昨日何を食べたか、この商品のお金を払ってきたか、今日これから乗る飛行機の時間。人間は一度にいくつものことは覚えられないと、身を持って痛感している。だから誰が何を何度でもなくそうが、イライラしない自信がある。

命に関わること以外はかすり傷。電車に1本乗り遅れても命を取られるわけじゃない。

パラグライダーにチャレンジした郁子さんが、久しぶりの海外へのフライトに選んだのはフィンエアー。名前の通りフィンランドの航空会社だ。中部セントレア空港からヘルシンキ乗り継ぎでチューリッヒへ入る日程だ。

フィンランドといえば森と湖とムーミンの国。さぞ大勢の観光客が日本から押し寄せるかと思いきや、やはり人気の行き先はイタリア、フランス、ドイツ、イギリスなど。「フィンランドは3日いたら飽きる」などと失礼なことをいう添乗員もいたが、私は1カ月いても飽きることはないだろう。

フィンランドは国策でヘルシンキをハブ空港として位置付けている。

業界用語でハブ・アンド・スポークと呼ばれる手法だが、フィンランド自体は観光に来てくれる人の絶対数が少ない。自国の飛行機に大勢の乗客を集めるため、アジア各地からヘルシンキにフライトを飛ばし、ヘルシンキ空港での接続をよくして、ヨーロッパ各地に乗り継げるようにする戦略だ。

アジアだとソウル・仁川空港、中東だとカタール・ドーハ空港、ヨーロッパではヘルシンキ空港などが国策で空港の整備に力を入れている。

ヘルシンキ空港はコンパクトで乗り換えもしやすく、乗り継ぎ便の待ち時間も少ないのでヨーロッパへ出かける際は使い勝手がよい。特にフィンエアーは中部セントレアや関西空港にも路線を持っている。愛知県に住む人は、わざわざ羽田や成田に行かなくても中部セントレアからヘルシンキに入り、ヨーロッパ各地に乗り継いだ方が便利に決まっている。そんな理由でフィンエアーを使い、ヘルシンキに向かった。

ＪＡＬもＡＮＡも好きで世界有数のクオリティを持つ航空会社だと確信しているけれど、外資系航空会社のよいところは、機内に入った瞬間に外国を感じられるところだ。フィンエアーに乗れば、機内に入った瞬間、そこはフィンランド。マリメッコの機内インテリアに身長2メートルくらいはありそうな男性アテンダント。フィンランド語の機内放送。最新の機材、エアバスＡ３５０はテレビモニターも大きく機内も快適でヘルシンキまではあっという間だ。

機内では眠れないと悩む方も多い。私は立っていても歩いていても眠れてしまう人間なので眠れない人の気持ちを、残念ながらわかって差し上げることができない。

眠れる人間は眠れない人の気持ちをわかったふりをしてはいけない。それでもお困りだと思うので、旅を生業とする人間からのアドバイスとしては、「眠りを妨げる要因をできるだけ取り除く」である。

意外に思われるかもしれないが、機内で安眠を妨害する最大の要因は何より「寒さ」だ。機内はとても寒い。よくある質問に「現地は寒いですか」というのがあるが、現地よりも寒いのは機内だ。機内で風邪を引き、現地に着く前に体調を崩すことは多い。

機内には毛布があるが薄っぺらいことがほとんどだし、予備の毛布はありそうでない。座席数ぴったりしか積んでいないことも多い。ぜひ日本が世界に誇る使い捨てカイロを持参し、足の裏や背中、お腹、リンパや血液が流れる場所に貼っておく。夏でも貼っておくとよい。

次に安眠を妨げるもの。それは客室乗務員による声掛けだ。機内サービスには段取りがあり、大勢の乗客に飲み物や食事を提供するには相応の時間がかかる。こちら側のよいタイミングで飲み物や食事が供されることはなく、うとうとしている微妙なタイミングで食事が運ばれてくることになる。

極論かもしれないが、機内で眠れないけれど眠りたい人は、飛行機に乗る前に食事を済ませてしまい、飛行機が離陸したら飲み物も食事も辞退して、さっさと寝てしまうのがベストではある。自宅で布団に入った30分後に飲み物や食事を持ってこられても困るはずだ。それと同じで寝たいのにいちいち起こされていたら、寝られるものじゃない。「そうはいっても、せっかくだから機内食は食べたい」との思いはあるだろう。その場合は遠慮なく、「寝ているときは起こさないでほしい。起きたタイミングでお願いするから」と客室乗務員さんに早めに伝えておくとよい。離陸前でも構わない。

早めに伝えれば、スタッフで情報共有してくれるので、変なタイミングで起こされることはない。機内食が選べなくなるのが嫌だと思う人は、遠慮なく、しかし丁寧に希望する食事の確保をお願いしておくとよい。基本的には取っておいてもらえるから安心して休んで大丈夫。

なお、機内で眠れないと不安になる繊細な人は、そもそも機内食のような重たい食事は避けた方がよいのかも知れない。搭乗前に機内食の特別リクエストができるのはご存知だろうか。私のオススメはフルーツプラッターだ。機内食はフルーツのみ。これは胃に優しい。

　飛行機に乗る前のリクエストが必要だが、予めあなたの為にひとつ作り、搭載しておいてくれるので希望の食事がなくなることはない。この辺りの細やかな配慮は日系の航空会社が優れている。外資系航空会社でもやってくれるけれど、けっこう面倒臭い。日系航空会社は、やはり神だ。

　そうそう、大切なことなので釈迦に説法だが、目を閉じて休むときは必ずシートベルトを「毛布の上」から装着して、客室乗務員から見えるようにして置くこと。これは大事なことなので覚えて置いて、必ず実行してほしい。そうすれば、シートベルトのサインが点灯しても起こされることがない。

　ちょっとしたことではあるが、一度起こされてしまうと、なかなか寝付けないはずなので、とにかく起こされない工夫は必要だ。ＣＡさんの基本業務としてシートベルトサインが点灯すると、着装が確認できない乗客は不本意ながら起こすことになる。

　いつでもどこでも眠れてしまう私の助言に説得力があるかは疑問だが、よかったら参考にしてみてほしい。シートベルトは窮屈に思われるが命を守る保険だ。飛行中、シートベルトをしていない人がエアポケットでコーヒーと共に吹き飛ぶのをみたことがある。どんなに気流が安定していてシートベルトのサインが消えていても、トイレに行く時以外は装着していてほしい。自分の命を守るために。

忘れ物の話に戻る。

フィンエアーのフライトを満喫した郁子さんのご家族は、フィンランド人のクルーに見送られていちばん最後に飛行機を降りた。車イスを使う乗客はいちばん始めに乗り、降りるときは最後まで待つことになっている。大型機材だと乗客全員が降りるまで待つのは少し退屈だが、結果的に全ての乗員、時にはパイロットも一緒に手を振って見送ってもらえる。悪い経験ではない。

今回もほぼ満席だったので、車イスが準備されるのに時間がかかった。クルーやパイロットの見送りを受けて飛行機を降り乗継のゲートに向かった。入国審査には列もできていた。「パスポートをお願いします」と声をかけ、バッグの中を探していた郁子さんが青ざめた。

「ない」

パスポートがないという。20年この仕事を続けていて「ない」と申告を受けて本当になかったことは、ない。大抵はバッグの底やポケットに入っている。

乗継の時間はギリギリだった。

「慌てなくて大丈夫ですから、ゆっくり落ち着いて探してみてください」

「いや、ないわ。本当にない。セントレアに落としてきたのかしら」

人は慌てると最悪の事態を想定してしまう。当たり前だがパスポートには名前が書いてあるので、もしセントレアでパスポートがポトリと落ちていれば誰かが拾い、名前を確認すればフィンエアーの搭乗客であることはすぐわかるから連絡がくるはずだ。セントレア説の可能性はゼロだと説明した。

「でも、本当にないのよ。入国できないわ。もう帰るしかないわ」

人はいったんネガティブモードに入ると回復は容易ではない。パスポートを発見する以外にモチベーションを元に戻す方法はない。時間はないが、順に段取りを組むことにした。まずは本人以外の人がバッグの中をもう一度総ざらいする。

慌てている本人は見つけることができなくても、他人がチェックすると、なんでもないところに入っている経験をしたことがある人もいるだろう。

パスポートは、なかった。

私は顔色ひとつ変えずに、「ポケットをもう一度確認しましょう」と伝えた。確認にそれほど時間はかからなかった。

次は機内だ。飛行機の中は意外にも落し物が多い。暗い狭い、隙間やポケットがあるなど忘れ物をするには格好の条件が揃っている。

一度、飛行機を降りてしまうと、乗客である我々は機内に戻ることを許されていない。

フィンエアーの乗務員は事情をすでに理解しており、ボーディングブリッジのところで私たちを心配そうに見守っていた。乗務が終わったクルーと、入れ替わりにスタンバイしているクルー、総勢で20名以上がそこにはいた。泣きそうな顔をしている車イスの郁子さんをみかねて、肝っ玉かあさんのような親分クルーが「私がみてくるわ！」と宣言して、ドカドカと大股で機内に戻っていった。

待つこと5分ほど。長い時間に思えた。時が止まったかのような静寂に包まれていた。日本の神様仏様とフィンランドの妖精に心の中で手を合わせてお願いするしかなかった。

「I found it！（見つけたわよ）」

ゴールドメダリストがメダルを自慢するかのようにパスポートを高く掲げた肝っ玉母さんCA。腰に片手を当て、陽気なコメディアンのように歩きながら誇らしげに戻ってきた。

その時、心配そうに私たちを見守ってくれていた20名を超えるクルーが「ウォー」と雄叫びをあげたり「ヒューヒュー」と口笛を鳴らしたりしながら喜んでくれた。

そして一斉に拍手をしてくれたのだった。

なくしたパスポートを見つけてもらって、大きな拍手に包まれたのは初めてだ。

「Have a great trip!(よい旅を)」

クルー全員が手を振ってくれ、暗雲立ち込めた旅のスタートラインが一気に華やいだ。

フィンエアー、ありがとう。

# 「英語が話せる」の定義を決める

YouTubeチャンネルを開設して4年、YouTubeライブを始めて2年になる。ライブでは曜日ごとにテーマを決めて話をしている。金曜日はベルテンポの本棚で、私が読んだ本の中から、オススメの1冊を紹介する。

よいと思う本に出会わない週もあるが、そんな時は昔、手に取って感銘を受けた本を紹介したりするので、最低でも年間50冊程度は読書をする習慣が身に付く。著者に失礼なので速読はしない。ノウハウ本ならともかく、心と体に沁みる本はじっくりと何度でも読み返したい。視野を広げ、心を落ち着かせるのに読書は最適のツールだ。

夏のある日、YouTubeで紹介し大きな反響を呼んだ本がある。

新井リオ著『英語日記ＢＯＹ』（左右社）だ。

新井さんはカナダ在住のイラストレーターでありデザイナーだ。作家でもあり、ミュージシャン。ロックバンドPENs+（ペンズ）のボーカル・ギター担当というマルチな才能を持つ。

英語が話せるようになりたい。多くの日本人が思い描く夢。それが「英語ペラペラ」の世界だろう。「今年こそは」と決意らしきものをするのだが、まったくもって正体不明な忙しさに囚われ、気づいたらクリスマスソングが街に聞こえている。私も、延々と同じことを繰り返してきた人間だ。

『英語日記ＢＯＹ』を読んだ衝撃は、英語学習法にとどまらない。今どきの若者らしく、スマホやインターネットをフル活用して、自分自身に取って最適だと考える学習方法を生み出す。そして「英語が話せる」ようになった新井さんは、カナダで憧れの仕事に就く。

新井リオさんが、この本に込めた思いを受け取ると「よし、明日から」と、また同じ

ことを繰り返してしまうのだが。新井さんが体感したことで、私自身も大きく頷くことのひとつが、

「英語学習がビジネスになりすぎている」

との指摘だ。駅前に留学したり、聞き流したりとビジネスの世界で「英語が話せるようになりたい」と願う人への商品、商材は驚くほど多い。

とはいえ、プロゴルファーの人みたいに聞き流して英語がペラペラになった話をあまり聞かない。大切なことは、どの商材を選ぶかではなく、自分自身にとっての「英語が話せる」の定義をしっかりと決めることだという。

仕事柄、私も英語が「ペラペラ」だと勘違いされている。私の話す英語を聞いて思わず失笑した人を何人も見てきた。私が英語で誰かと交渉している時は半径5メートル以内には近づかないでください。

ソーシャルディスタンシングの確保をお願いします。

ちなみに私が初めてお会いする方から受ける質問ベスト3は、

［1］何カ国くらい行かれましたか
［2］英語はペラペラなんですよね
［3］今まで行った国でどこがいちばん良かったですか

である。

この20年でどれだけ繰り返されたか、わからない。

ちなみに「訪問国数」はあまりに何度も聞かれるので、面倒だけれど一度、数えたことがある。45カ国くらいだったと思う。正直にそう答えると「意外と少ないんですね、200カ国くらいは行っているのかと思いました」などとがっかりされる。ちなみに2021年現在の国連加盟国は193カ国だ。私はスタンプラリーを生業としている訳ではないし、渡航国数が多い人が偉いわけでもないだろう。累計何十万部と帯に書かれた本がよい本とは限らないのと同じだ。

「今まで行った国で」の質問に答えるのも難儀だ。相手は真剣に聞いていないのだから、適当に答えれば終わる話だが、がっかりさせるのも申し訳ない。

そんな時は手持ちのトランプの札を抜くように3カ国の名前を適宜、答えるようにしている。今、読者であるあなたから聞かれたら恐らく、「タンザニア、冬のアラスカ、そしてブータン」と答えるだろう。この3カ国（地域）の名前を出されたら、「え、オーロラを見たのですか⁉」と喰いついてくれるでしょう。

会話はコミュニケーションのキャッチボールであり、英語が話せるとか、訪問国数が多いとかは、自慢話ではないのだ。

さて、いつ、誰から聞かれても困るのが、「英語はペラペラなんですよね」と聞かれることだ。私がなんと答えたら満足なのだろうか。「はい、ペラペラですよ」と答えたらどんな顔をするのだろうか。そもそも「ペラペラ」に定義はあるのだろうか。

この質問は、コミュニケーションのキャッチボールにはならず、何の発展性もないと知っているので、申し訳ないけれど、肩すかしのような回答しか準備していない。

「英検は中学で受けた4級しか持っていません。ちなみに3級は2回落ちました」
「このあいだ飛行機で『ビールプリーズ』といったら牛乳が出てきました」

とケムに巻いて話を終わらせる。会話はそこで強制終了。

実は新井リオさんのことを、迂闊にも存じ上げなかったのだが、ツイッターのタイムラインに、彼のつぶやきが流れてきた。

そこには三浦春馬さんのことが書かれていた。

三浦春馬さんはとてもストイックな方で英語も独学で勉強されていたのだ。そして英語を学ぶスタイルを、新井リオさんのこの本から得たと語っていたそうだ。

たまたま、そのことを知った新井さんが勇気を振り絞って、三浦春馬さんのインスタにメッセージを送ったら本人から返信があり、「リオさんの学習法で、僕も勉強しています。近々お会いしたいですね」とコメントをもらって舞い上がっていたという。その後、メッセージをやり取りしていつ会いましょうか、というような話を、三浦さんが亡くなる10日前にしていたという。

新井さんのツイッターは、どんな詩人や作家の文章よりも心を揺さぶるものだった。三浦春馬さんへの愛に溢れ、涙なしでは読めなかった。

そんなご縁でこの本を取り寄せることになった。

英語が話せるようになりたい！　と悩める少年少女紳士淑女にぜひ読んでほしい内容

だ。新井リオさんの人柄が滲み出る心が温まる一冊であることは間違いない。
新井リオさんは１９９４年生まれ。単身、カナダに渡り活躍されているが、英語は全て独学で学んだというからすごい。本気は技を超える。

〈参考〉

【第１５６回】YouTube Live 高萩徳宗のひとり放送局
２０２０年7月31日 配信・英語が話せるの定義を決める
『英語日記ＢＯＹ』新井リオ著
https://youtu.be/62UgwKCUmoM
『英語日記ＢＯＹ』新井リオ著（左右社）

# 旅の成功に障害は関係ない

意外に思われるかも知れないけれど、会社を始めた頃は障害者にも福祉にもボランティアにも興味関心がなかった。

弱い人を助けたいとか、障害者に旅の感動を、なんて思っていなかった。

さすがにこの仕事を20年以上やっていると、いやでも多少の知識はつくし、経験値も増えてはくるのだけれど、多分、専門家の方が聞いたら驚くくらい、私は障害や福祉に関心を持っていない。

障害者の旅行サポートと聞くと、どうしても「大変な仕事」に思われてしまう。障害への理解とか介助や介護の技術が必須だと思われてしまうのだが、私は福祉に関する資格は持っていない。介護の講習を受けたこともない。そこは私のフィールドではないと認識しているからだ。

入浴介助というプロの仕事がある。命に関わる大変な仕事だ。その道のプロは日々研鑽を重ね、技術を磨き、安全に配慮しながら仕事をされているはずだし、そのことを誇りに思っているだろう。そんな大変な仕事をプロフェッショナルが手がけているにも関わらず、素人の私が「障害者の方も旅行中、お風呂に入れてあげますよ」などと軽々しくいえるだろうか。無責任だし、素人が手を出してよい領域だとは思えない。

福祉の素人が障害者の旅を20年サポートしているの？　と驚かれそうだが、障害がある方やご家族が私に求めていることは、「福祉や介護」ではないのだとつくづく感じている。

旅を生業とする人間に求められていること。それは表面的には旅全体を最高の思い出に仕上げるべく、調整すること。ツアーリーダーは旅の指揮者なのだ。

旅する人、一人ひとりの個性や趣味嗜好、性格や特徴を見極めながら、全体最適を目指す。個人旅行ではなく、複数の人が寝食をともにする旅の場合、指揮者の優劣は旅の成功に大きく関わってくるのだ。

そして安全管理。素人と経験値のあるプロとの差が最も大きくなるところだ。目に見えない安全や安心を担保することができるのは百戦錬磨のツアーコンダクターならではの持ち味だろう。私はいわゆるプロ添乗員さんとはフィールドが異なるが、大手旅行会社に所属する添乗員さんは尊敬の対象でしかない。見たこともない数十人のお客様を、上手にコントロールしながら事故も怪我もなく旅を前に進めて、無事に帰宅させるのだ。日々が奇跡の連続だ。もっと待遇をよくしてあげてほしいし、顧客の側ももっとツアーコンダクターをリスペクトしてほしい。何れにしても大手旅行会社のツアーの添乗は、私にはできない。

私が創る旅は基本的に会員制だ。決められた旅のルールやマナーを守っていただける人とだけ旅を共にする。顧客は旅行品質の一部だ。

当社ではお客様全員のカルテを持っている。一人ひとりがお酒を飲むとか買い物が大好きとか、木造駅舎が大好きとか嵐のファンであるとかを事前に把握できているのだ。

この情報を持たないで数十人をコントロールできる添乗員さんは、私には神にしか見えない。ちなみに旅のカルテには障害や病気のことは書かれていない。歩けるか歩けないか、耳が聞こえるか聞こえないか、どんな病気で要介護認定を受けているかどうか、障害者手帳が何級か。そんなことは旅の成功とはなんの関係もない。10年以上のお付き合いがあるお客様でも、その方の病名を私は知らなかったりする。本人が話したいと思えば聞くが、自分からいわないことを、私からは聞かない。結婚しているのか独身かバツイチかなんて、興味も関心もない。

旅に関係ないでしょう。

話が逸れた。旅の成功に障害は関係ないという話がしたかったのだ。

聴覚に障害がある方とエストニアからフィンランドへ旅をした。もちろん私は手話はできない。まったくできない。勉強する気もあまりない。それでいいよという方が私と旅をしてくださる。必要なら筆談するし、最近はスマホという文明の利器があり、会話をしなくてもコミュニケーションが取れるようになった。ほぼストレスフリーだ、多分。

ヘルシンキ郊外にはフィンランドの森の妖精がいそうな、そんな場所があった。

ヘルシンキ在住のＣＨＩＳＡＴＯさんに街を案内していただいた。フィンランドの方とご結婚されているＣＨＩＳＡＴＯさんとはこの旅で初めてお会いしたのだが、私が発信するＳＮＳに常に目を通してくださっていたからか、以心伝心、ツアーで行くような場所にまったく興味関心を示さない私たちを見透かしていた。

ヘルシンキで案内してほしい場所として有名観光地の名前をいくつかあげてみたら、

「そこは私がいなくても行けますよね」と笑う。ごもっともだ。

彼女の提案は地下鉄に乗ること、森を散策すること、カフェでお茶をすることだった。

「メトロに乗って、路線バスに乗り換え、海沿いのカフェでゆっくりしませんか？」

「私の義理の母をランチに誘ってもいいですか？」

そういえば今回、聴覚に障害がある方と旅をしていたのだ。すっかり忘れていた。私は旅仲間に聞こえない人がいるからこうしようとか、歩けない人がいるからどうしようと、あまり考えないのだ。障害を軸に旅を作ると、途端に旅がつまらなくなる。

ＣＨＩＳＡＴＯさんの義理のお母様はフィンランド人で手話ができる。フィンランド手話と日本手話は異なるが、ある程度、話が通じるのではないかとのこと。面白そう。なんともユニークな提案だ。CHISATOさんのお母様も乗り気だとのこと。異論があろうはずもなく、さっそくメトロで海辺へと移動した。

開通したばかりのメトロ。ピカピカだ。ドアは広くて段差もない。自転車もオッケーだ。駅のデザインがおしゃれなのはさすが北欧。日本も頑張れと思う。聴覚障害の方はサインに敏感だ。耳のマークのアイコンがあることに私は気づかなかった。彼女によると磁気誘導ループシステムだそうだ。私が教えてもらう側だった。

ヨーロッパの国々はどこでもそうだが、フィンランドの鉄道にも改札口がない。稀に抜き打ちチェックがあり、チケットを買っていないと80ユーロ（12000円）の罰金だ。仮に日本の鉄道に改札口がなかったとしたら、どのくらいの人が正直にチケットを買うのだろうか。若かりし頃、都会で駅員をやっていた身としては、民度が問われるなあと、ヨーロッパに来るたびに感じるのだ。

地下鉄を降りバスに乗り換える。バス停の表示はわかりやすいが、ヘルシンキのバスは手を上げないと止まらないのだ。まさかそんな訳はないだろうと見ていたら、確かにバス停で待つ人全員が手を横に伸ばして乗る合図を出していた。

バスを降りて森の中を抜ける。妖精が出てきそうだ。海が見えてきた。

フィンランド語で灯台という名前のカフェに向かった。

近くに住むお母様と待ち合わせて国際交流。

手話は国によって違うのだが、日本手話とフィンランド手話は相互に通じた。ちなみに日本の手話で猫は招き猫のような仕草、フィンランドの猫は顔を洗うしぐさ。「でも、どっちでもわかるね」と笑った。穏やかな時を過ごした。こんな時を過ごせる旅がいい。

ご高齢のお母様は5カ国語を話すそうだ。どんな脳内構造をしているのか日本人には理解できない。このランチ会で使われたのが、日本手話、フィンランド手話、フィンランド語、英語、日本語。いちばん通じたのは、手話だった。手話ができない私も、フィンランドとか、バーベキューの手話を覚えた。もう忘れたけど、フィンランド語を覚えるよりは早そうだ。

帰り道。雪が降り始めた。

# お風呂よりもバリアフリーよりも大切なことがある

福祉や介護の広告で違和感を覚えるのが、どこからどう見ても善人でしかない爽やかなスタッフの笑顔。穏やかな表情で車イスに腰掛けているきれいな白髪の高齢者。

尊い仕事であることは認めるが、善意や誠意が中心軸にある前提だ。そうでなければ務まらない大変な仕事であることは承知しているが、「障害者や高齢者は弱者であり、助けが必要で、自分では何もできない、自己判断、自己決定などできるはずがない」とセットになっているのは明らかだ。

車イスユーザーの旅人と一緒にいると、サービススタッフは車イスを使っている本人ではなく、横にいる私に話しかけてくることが多い。

「会話できますから、ぜひ本人に聞いてください」

一緒に旅をしているからといって、私たちは一心同体ではない。

今トイレに行きたいかなんて、代わりには答えられない。


シドニーパラリンピック銀メダリストの廣道純さんと大分県での講演でご一緒する機会があった。私が基調講演、その後、廣道さんと私の対談がセットされていた。事前の打ち合わせなどはなく、私の基調講演が終わった後、会場で挨拶をした。廣道さんは握手を求めてくるなり、「いやあ、面白かったです。実はバリアフリー旅行を手がけていると聞いていたので、きっと全身から滲み出てくるようなイイ人を想像していました。よい意味で期待を裏切られました」

ん？　私は善人に見えなかったということで良かったですか。

廣道さんによると、障害者の旅行を手がける人は、弱者を助けたい、弱者を旅行に連れて行ってあげたい、という、善意に満ち溢れキラキラ輝いているような人なんじゃないか。面倒くさそうだなあ、と思って会場入りしたのだそうだ。私の講演を聞いていて、「なんだ、この人は。面白い人だなあ」と感じたらしい。

当日、どんな話をしたか、実はあまり覚えていないのだが、基本、ほったらかしですとか、視覚障害者や聴覚障害者の方も1人で参加ＯＫですが、もちろん何も手伝いません。

全盲の人だって、介助者が横であれこれお世話したら、ストレスでしょう。私が障害者の側の立場だったら、とにかくほっといてほしい。できないことは具体的にお願いするから、過剰にかまわないでほしい。そんな話をしたのだと思う。

福祉や介護に関わる方は、私と違って善人が多いので、皆、やりすぎてしまうのだ。過干渉である。自力でトイレに行けないとわかっていれば、その場所までご案内することはやぶさかではない（それでも私は個室内でのサポートはしない。そこは私の仕事じゃない）。

障害があろうがなかろうが、大人なんだから自分で判断するでしょうというのが基本姿勢だ。障害がある人に必要なのは手助けではなくて、他の人より準備やトイレに時間がかかることも多いから、そのためのゆとりある時間設定である。それだけが必須だと考えているのだ。ほとんどのことは自分で判断して自分で決める。

大人なんだから当たり前のことだ。サービス、イコール過干渉ではない。

廣道さんは、高校生の時にバイクの事故で下半身不随となり車イス生活になった。とはいえアスリートだから、そこらへんの人よりよほど体力がある。歩行ができないという以外は、健常者といわれるカテゴリーの人と何も変わらない。

対談は盛り上がった。壇上にいることを忘れて、「そうそう」「わかるわかる」と共感することばかりで時間があっという間にすぎた。廣道さんは話し足りなかったようで、対談が終わり控え室に戻っても、延々と語り続けた。

廣道さんが聞かせてくれた話の中で、大爆笑してしまったエピソードがある。

大分のある遊園地に家族で出かけた時のこと。娘さんが「マイナス30度の世界」を体験するアトラクションに入りたいといいだした。大人1枚、子供1枚のチケットを買ったものの奥様は「そんな寒いの私には無理。あなた行ってきて」と廣道さんに役割を投げたそうだ。

廣道さんは「仕方ないなあ」と娘さんと一緒に「マイナス30度の世界」に向かい、チケットを係員に渡してドアを開け、車イスで中に入った。何メートルも行かないところで、係員が後ろから追いかけてきて、廣道さんにいったそうだ。

「危ないです！　車イスでは入らないでください！」

あまりに大声で呼び止められたので驚いて尋ねた。

「階段があるんですか？」

「いえ、階段はないです」

「どうして危ないの？」

「滑ります！」

通路には絨毯が敷いてあり、滑る気配はない。

「いや、絨毯敷いてあるし、滑らないでしょう」

「とにかく危ないから車イスでは入らないでください」

車イスでは1センチも前に進ませぬと鬼の形相で行く手を阻むスタッフ。

「いやいや、滑るかどうかは、俺が決めるから」

廣道さんは、なんの問題もない普通の通路を寒い、寒いというお嬢さんと共に車イスで進み、建物を出てきたそうだ。

滑るかどうかは、俺が決める。

名言だと思う。


廣道さんの名誉のためにお断りしておくが、段差もなくただ通路を先に進むだけの、マイナス30度の世界を親として娘と歩きたい。ただ普通に歩きたいとの願いはわがままでもなんでもない。階段しかない無人駅を電動車イスで強行下車しようと考える活動家の人とは次元が違うのだ。

車イス、イコール危ない。

車イス、イコール一人では何もできない弱者
このようなステレオタイプに取り憑かれないように、気をつけたい。

旅の現場での、気にかけるべき大切なポイントも同様だ。

以前、車イスユーザーの女性とスイスに出かけた際、12時間近い機内で、このお客様が何度かトイレに行くことがあった（らしい）。

私は隣に座っていたのだが、ずっと寝ていた。女性は自分がトイレに行きたいタイミングでコールボタンを押してキャビンアテンダントを呼び、機内用車イスでのサポートを依頼していた（らしい）。2度ほど、トイレに行かれたようだが、どこでも熟睡が自慢の私はそのことに一切、気づかなかった。本当に気づかなかったのだ。

旅が終わり、アンケートにはこう書かれていた。

「ベルテンポの旅は障害者をほったらかすと聞いていたので、どの程度ほったらかすのかと思ったら、本当にほったらかしでした（笑）。障害者というだけで、不必要なほど干渉してくる人が多い中、この距離感がとても心地よかったです。ツェルマットの街を散策したとき、私が車イスを自分で漕いでいても後ろから勝手に押さない。でも、坂道でちょっときついなあと感じた時、後ろを振り返ると、ほんの少しだけ車イスをそっと押しているのがわかりました。この絶妙な感覚、普通の人にはわからないだろうなあ」

私が20年以上に渡り、障害がある方と旅をしていて、これほどまでに嬉しかった「お客様の声」はなかった。基本はほったらかしなのだけど、必要と思われる場面だけ、ほんのちょっと手を貸す。それさえも、心の負担にはさせない。

旅に主従関係があってはならない。連れて行ってあげているとか、助けてもらっていると思ったら駄目なのだ。

経験上、よほど依存心の強い人でない限りは、必要以上に手を出されることを好む人はいない。過干渉を我慢するのは、そこに悪気がないことがわかっているからだ。私が車イスユーザーの女性をトイレまで案内し、用を足し終わるまでドアの前に立って待っているなんて、考えただけでも気持ち悪い。

善意の介護者は、そのことに無神経すぎるのだ。

善意や親切はとても大切なのだが、それはあくまで相手の目線に立ってこそだ。主語が自分の善意やおせっかいは迷惑でしかない。

福祉や介護の仕事をされている方から、「ベルテンポみたいなことがしたい」と連絡をいただくことが多い。

「人を助ける仕事がしたい」「誰かの役に立ちたい」という素晴らしい理想をおっしゃられるのだが、その観点から何かを始めたいのであれば、ベルテンポが参考になることは何もない。

なぜなら、ベルテンポは人助けの仕事をしている訳でもなければ、誰かの役に立とうとして仕事をしているのでもないからだ。

基本的に誰かの役に立ちたい「誰か」が、障害がある方、高齢の方とイメージした瞬間に、「一人では何もできない弱者」と定義してしまっている人のなんと多いことか。

なにをしようとするかは大事なのだが、「どの視点」から始めるかはもっと大切だ。

旅の現場で大切なことといえば、お風呂に入る入らない、車イスを押す押さないよりも大切なことがある。例えば、ベルテンポでは、お風呂よりもバリアフリーよりも、津軽鉄道の切符が硬券であることが重要なのだ。硬券切符を買うために、津軽鉄道の金木（かなぎ）駅までタクシーを飛ばした。そして、五所川原ではなくひとつ手前の十川（とがわ）駅で下車した。

金木から十川へ行く乗客は恐らく年に数名。硬券は茶色くなっている。おまけに障害者割引は、子供切符で代用のため、ハサミで右端を切り落とす。旅の醍醐味は、こんな小さなことの積み重ねだ。

介護旅行がブームらしいが、間違った認識だけは持ってほしくない。

カレー屋のメニューに、
　カツカレー
　野菜カレー
　チキンカレー
　介護カレー

この並びはおかしいはずだ。
　一人旅
　女子旅
　乗り鉄
　冒険旅行
　介護旅行

わかるだろうか。何かがおかしいことに気がついてもらえるだろうか。
一人旅にも女子旅にも、冒険旅行にも、障害者の旅人がいるだけなのだ。

本当に、ただそれだけだ。特別扱いし過ぎだと気づいてほしい。

障害者が旅をすることが、特別でもなんでもない日常が、一日も早く来ることを願うばかりだ。そのために私ができること。

それは硬券切符を手に旅をすることから始めたい。

「硬券？　意味がわからない」という人もいるだろう。旅のエッセンスが何かはもちろん人それぞれだ。私は自分が汽車旅好きなので、旅の途中に、できる限り汽車旅を入れる。それが叶わなければ木造駅舎のある駅に立ち寄ったりもする。

そうしていると、自然と「そんな旅が好き」な人が集まってくる。音楽が好きな人、美術や芸術が好きな人、仏像が好きな人、食べることが大好きな人。

そんな旅仲間に、障害がある人や高齢の人が混ざってそこにいるだけ。

多様性という大げさな話でもなんでもない。

バリアフリーとは、結局、そういうことだ。

福祉や介護の狭い世界の話題ではないのだ。

# もしも夢が叶うなら

会社を始めた頃だから、もう20年以上前になるが、あるネットの記事で「お風呂に入る夢」と題した重度障害者の方のコラムを読んだことがある。お風呂に入る。この場合、正確には湯船に浸かることを指す。さまざまな人の手を借りながら湯船に浸かるのが自分の人生の至福の時間だ。自宅の浴室は自分流に改造が可能だが、旅先でも気兼ねなく重度障害者が入浴できるような、世の中になることを願うと書かれた趣旨だったと記憶している。

私は幼少の頃から九州・大分県で過ごしたので身近なところに温泉があった。共同浴場は無料のところもあり、母親が手を引いて郊外にある温泉に連れて行ってくれた記憶がある。当時は湯布院も湯平も鄙びた湯治場だったし、別府にも湯治宿がたくさんあった。

そんな環境で育ったからお風呂は大好きだが、烏の行水的なところもあるので、正直、自分が不自由な体になった時、そこまでしてお風呂に浸かりたいかな。この記事を読んだ時に感じた。

情熱的な介護や福祉のプロの人たちは「よっしゃ、俺がお風呂に入れてやる」と腕まくりをするかも知れないが、私は旅行中の入浴介助には大きなリスクが潜んでいると考えているので、自力で浴槽に入ることが難しい方とお風呂に入ることは遠慮している。旅行中、もっとも危ない場所は大浴場だ。ましてやボランティアベースで手を貸すのはやってはいけない行為だとも思う。

とはいえ、それは単なる私の個人的な意見にすぎない。ボランティアでも、資格があり責任を持って障害者の方と旅行中お風呂に入ることを厭わない方を尊敬する。私にはできないことだ。

重度障害者の方が旅行中、お風呂に入る選択肢は残念ながら少ない。そんな中でも長野県松本市あさま温泉にある、玉之湯のバリアフリーへの真摯な取り組みには心を打たれる。人的サポートでお風呂に入る夢を応援するのではなく、設備で夢を応援する。お風呂場の中で誰がどうサポートするかは、宿泊客側の知恵で解決する。とてもフェアでストレスフリーだ。

玉之湯さんとは20年来のお付き合いだが、日本におけるバリアフリー旅館の草分けといってもよいくらいの歴史がある。「はるの湯」と銘打った貸切風呂は、私がこれまで見てきたお風呂の中で、もっとも入りやすい構造設計になっていると感じる。もちろん障害は人それぞれなので、「はるの湯」が使いにくかったとの話も耳にする。万人に100点のバリアフリーなど存在しないのだが100点でなければ0点と評価されがちな日本では、取り組もうとする事業者が限られてしまうのも仕方ない。

玉之湯さんも、20年のバリアフリー旅館の歴史の中で、障害者から怒鳴られたことは数えきれず、土下座を強要されたこともあると聞いた。そんな話を耳にしたら、他の旅館が「よし、うちもバリアフリーを手掛けよう」とは思わないだろう。

お風呂に入る夢を叶えるには、3つのポイントがある。

1つは「ある程度の割り切り」。行ってみてダメだったらきっぱりと諦めること。行ってみないとわからないことはたくさんある。入浴だけが旅の醍醐味じゃないと、肩の力を抜いてみてほしい。

2つめは人手。安全な入浴には複数のサポートがあったほうがいい。私も昔は頼まれて重度障害者の方とお風呂場に同行したこともあるが、マンツーマンはリスクが高すぎる。私が転んだら終わりだ。入浴介助には相互の関係性が大切だ。お互いがお互いを信頼し尊敬していないと危ない。命を預けているのだ。私も若かりし頃、ボランティアで何回か障害者の人からサポートの仕方が悪いと入浴中に怒鳴られたけれど、無償の労働力提供を怒鳴られてまでやりたいとは思わなかったので、それ以来ボランティア活動をやめた。ちなみに創業から助言を受けている弁護士の方によると、入浴だけではなく無償のボランティア活動中に事故を起こした場合でも免責にはならないと聞いた。「善意のボランティアですから」と主張しても、過失があれば刑事民事で責任を問われる可能性はあるらしい。入浴介助のようなリスクの高い行為を善意で乗り切ろうとするのは危険だと、日本に大勢いるであろう、善意の方々に伝えたい。

訴えられるのが嫌なのではなくて、そもそも、事故を起こさないためにできるリスクヘッジを、当事者である本人がしっかりと考えておくことが、夢の実現には欠かせない。重要だが、こんな大切なことを、見て見ぬ振りをする人が多いのも事実だ。

3つめは「場慣れすること」。経験値は大切だ。私が玉之湯さんに信頼を寄せているのは、20年の経験値がすべてを物語っているからだ。クレーマーのような威圧的な障害者が少なからずきて、度々怒鳴り散らす。それでも前に進むことをやめない覚悟。その覚悟の先にしか、経験値は積み上がって行かない。

多くの人が貸切風呂を使ったあと、感想を伝えていく。十人十色の意見を聞きながら、設備の微修正、時には大規模改修をする。玉之湯のロビーには車イスユーザーの宿泊客を見かけない日がないほどだ。

ベルテンポもそうだが、先行者利益というのは確実に存在していて、暗中模索でも試行錯誤でもよいから、もがきながら先に進むことで、経験値が得られていくのだ。

これは、旅をする側にも同じことがいえる。旅を重ねていくことで、現場での適応力が確実についていく。危険やリスクに対する判断力も上がる。その結果、入浴に限らず旅をする上での必要条件と十分条件の見極めができるようになる。

夢は自己実現であり、周りを巻き込みながら叶えてほしいことでもあるが、夢の実現には責任が伴うことも、現場から伝えておきたい。

そして、せっかくなので、私の夢もここに記しておきたい。

先日、あるインタビューで障害者の人に、

「もしも夢がひとつ叶うとしたら、どんな旅がしたいですか」

と質問をしているのを見かけた。

その女性はちょっと考えて、「予定に縛られない旅がしたいかなあ」と、答えていた。

そうそう、まさにそれだ。

ベルテンポを設立して、いちばん叶えたいと願う旅のスタイル。

予定を決めない旅。

予定が途中で変わる旅。

障害者が旅をしようとすると、事前に鉄道会社や航空会社に「乗ります」と伝えておく必要がある。もちろん、それは受け入れ側がしっかりと準備するためであり、理解はしているし感謝もしている。活動家のような、突撃して困らせることを目的化する態度を取るつもりはない。

それでも、

「1本早い新幹線に乗れそうだ」

「お天気がいいから、帰りの電車を少し遅らせよう」

というような臨機応変な対応をしてもらいたいと思う。

団体ツアーなら仕方ないが、個人や小グループで旅をする時に、この「すべての予定を組んでおかないといけない。変更は（ほぼ）できない」のはストレスだ。誰が悪いとかではなく、やはり息苦しいのだ。たとえバリアフリー旅行であっても、体に障害がある人の旅であっても「あ、木造駅舎だ！　ここで降りたい！」とか、「おー、カッコイイ列車、乗りたーい」のような「衝動に駆られて行動を起こす旅」を車イスユーザーの人と共にしたいのだ。まあ、ほぼ、してるけれど。

夢はアメリカ大陸横断。ルート66を走って走って、日が暮れたらモーテルに泊まる。

そんな旅がしたい。ローカル線に乗って、途中の駅で降りて、また乗って。駅弁買って、車内で食べて。美味しそうなお店を見つけて、地元の人に混ざってご飯を食べる。

台湾なら、そんな旅が実現できそうだ。

また無性に旅に出たくなった。

# ジャカランダの花を探しに

「この花を見に行きたいのですが、どこかで見られますか？」

来年90歳を迎える女性はいつも1人で旅に来ていた。足腰が弱っていると嘆くが、週3回は30分フィットネスに今も通っているそうで、何よりも90歳になっても旅をしたいとの意欲があるのはすごい。

旅行中、1枚の写真をバッグから取り出して見せてくれたのだが、植物に詳しくない私は、大木に咲く紫色の花の名前がわからなかった。

早速、検索をしてみたら、紫色の鮮やかな花は日本のものではなく、南米などで広く見られるのだという。

日本名は紫雲木（しうんぼく）、世界三大花木のひとつとされていることを知った。

キリモドキ属［1］［2］（桐擬き、学名:Jacaranda）は、ノウゼンカズラ科に属する中南米原産の低木または高木からなる属である。ジャカランダ属とも呼ばれる。ジャカランダ（jacaranda、和名は「紫雲木」）と総称される。〈Wikipediaより引用〉

「日本にはなさそうですねー」

「あらー、そうなんですか。残念だわ」

検索を進めると、宮崎県日南市の観光サイトが目に止まった。

「あれ、宮崎で見られそうですよ」

「本当ですか！　行きたいです。見たいです」


このやりとりをしたのが5月だった。ジャカランダは6月の僅かな期間だけ紫の鮮やかな花を咲かせる。来月では流石に準備が間に合わないかなと思った私の心を見透かしたのか、私が何かいう前に「来月、行きたいです。この花が見たいんです」と念を押されてしまった。

羽田から宮崎空港に入る旅が、私は好きだ。空港に降り立ち、到着ロビーから外に出た時の南国感は独特だ。真っ青な空、風にそよぐフェニックス。旅の気分はいやが上にも盛り上がる。ホテルとタクシーを予約した以外は、特に予定を入れていない。

「まずは腹ごしらえですね、何かお召し上がりになりたいものはありますか」

「ステーキが食べたいです。柔らかくて美味しい肉」

女性に何度も年をいうなと叱られそうだが、90歳、おそるべし。「ご飯はいらないんです、肉だけが食べたいの。野菜もいらないです、肉が入らなくなるから」と念押しされた。宮崎でステーキといえば「ミヤチク」。

空港からさっそく電話をして席を予約した。タクシーでお店に向かいメニューを見る。メニューのグラム数ではイメージがわかないかな、どう説明したらいいかな。などと思いを巡らせていたらひと言。「150グラムでお願いします。ご飯と野菜はいりません」いやあ、流石に150グラムは残すだろうと思ったのだけど、芯の強い性格であることは重々承知しているので、150グラムをオーダーした。「無理しないでくださいね。残してもかまいませんからね（私が食べますから）」

完食だった。

ジャカランダは南米原産の青紫の何ともエキゾチックな花だが、もちろん私も見たことはない。宮崎県日南市南郷町に1000本あり、これが日本唯一で最大だ。熱海などでも植栽に取り組んでいるようだが日本の気候はジャカランダには少し寒すぎるようで、鉢植えで鑑賞用とすることが多いらしい。

宮崎市内からタクシーを走らせて、満を持して出かけた道の駅なんごう。1000本のジャカランダの森に青い花を見ることはできなかった。僅かに数輪、咲いているだけだ。

西表島（いりおもて）のサガリバナと同様、花のタイミングは難しいのだが、昨年、一昨年の開花状況とにらめっこしながら、旅行日程を決めたのだった。桜や紅葉以上に、ジャカランダはピンポイントだ。地元の人に聞いてみるとジャカランダは年によってはまったく花をつけないこともあったりして、本当に難しいのだという。道の駅には観賞用の鉢植えがあり、大木とは程遠いものの、なんとか本物のジャカランダの花を見ることはできた。迫力は比べ物にならないが、花を見てもらうことができたのが救いだ。

地元の人から聞いた話だが、ジャカランダと宮崎の繋がりは、昭和39年に日系ブラジル人会の人が一時帰国した際、南郷町（なんごう）に種を寄贈したのが最初だそうだ。宮崎からもブラジルに大勢の人が渡った。

苗から育てて、初めて開花したのが昭和54年。気の遠くなるような息の長い取り組みだ。よくぞ諦めずに育て続けたものだ。苗から育てているというおじさんが見せてくれた鉢。可愛くて仕方ないのだろう。愛する息子を見るようだった。「これで16年目」というが、手のひらに乗るくらいの小さな鉢なのだ。おじさんが生きているうちに、どれだけ大きくなるのだろう。

代わり映えのしない規模ばかり大きいイベントで、手っ取り早く集客をしたがる自治体に、爪の垢を煎じて飲んでほしいと思う取り組みだ。

日南市南郷町は宮崎空港から50キロ以上離れている。日南市は広島カープのキャンプ地として有名だが、著名な観光地もなく、JR日南線は常に廃線が噂される。日本全国、ローカル線は病院通いのおばあちゃんと通学の高校生以外は乗らない。私は鉄道は道路と同じく国家のライフラインだと思っているが、赤字赤字といわれてしまえばそれまでだ。道路が赤字という話は聞いたことがない。

道の駅なんごう。コロナ前のことではあるが人が溢れかえっていた。駐車場は満車。

ジャカランダ祭りが開催されているというのはあるが、これだけの人が、わざわざどこから南郷を目指しているのか。ちなみに車で10分ほどの漁協直営「港の駅めいつ」のレストランは１時間、２時間待ちは当たり前。私が前を通った時は１００人近くが外に並んでいた。

タクシーのドライバーも「ここは旨いんよ、週末は地元の人は近寄らんけどね」と笑う。

この人たち、どこからやってくるのか。私はとにかく声をかけて「どこから来たか」聞いてみた。ちなみに私たちが「東京から来た」というと、まるで宇宙人に遭遇したかのように驚き、何かをくれるのだ。みかんとか、飴とか。みかん率が高いのは宮崎だからか。

日南市に溢れている人に聞いた「どこから来たのですか？」の答え。

人吉（ひとよし）、志布志（しぶし）、川内（せんだい）、鹿児島市内、宮崎。

そう、１００キロ圏内の近場のおじさん、おばさんなのだ。

商圏人口が少ないと、ついつい「遠くの都会」から人を呼ぼうとする。

これは集客戦略の大きな間違いなのだ。南郷に１００万人は来なくていいし、来られても困る。東京の人が南郷に来てくれる確率より、鹿児島や人吉の人が来るほうが、明らかにハードルが低い。

　私たちが乗った観光列車「海幸山幸（うみさちやまさち）」も、宮崎市内に住む人が気軽に日帰りで往復楽しめる時間帯に設定されている。この地域の集客戦略としては、最初から東京、大阪はもちろん福岡商圏すら「捨てて」いるのだ。私はこの宮崎の潔さが好きだ。


　以前、地方のある自治体からコンサルの話をもらい「首都圏1500万人口に対して、数パーセントしかシェアがない。もっと呼びたい」というので、「まずは県内、次が隣県」という助言をしたら、コンサルを解約されてしまった。どうしても都会からの集客パーセントを増やしたいのだ。そしてインバウンドを呼び込もうとの誘惑に負けてしまう。

　旅行観光産業に携わるプロの人たちは、どうしても団体、ツアー、インバウンド（外国人）など、何万人、何十万人と人を動かすのが醍醐味であるという昭和の思考から抜け出せていない。

　もう、マス（大量、大勢）などこの世にはない。この現実を受け止めたくないのだ。

　私は旅人として国内、海外を障害者と旅をする中で、地元の人で賑わうお店や町と、そこにやってくる人の中で、もっとも遠くからリピートしてくれた人の心の中に、商売繁盛のヒントがあると考えている。

飲食店は地元の人を相手にするのがいちばん大変だ。正直な商売をしないと次はない。見る目も厳しい。逆にとてつもなく遠くから、わざわざリピートしてくれた人の心の中にも真理がある。

団体、などという人間は存在していなくて、個々が自分の気持ちに正直に行動するようになった。これはコロナ禍の副産物だ。インバウンドが消滅し、団体ツアーも当分は、いやもしかすると永遠に戻ってこない中でも、南郷町のジャカランダとの向き合い方は清々しいといえる。

その後、時を経て縁がありポルトガルのリスボンに旅をした。宿泊したホテルから朝の散歩に出かけたら、街路樹がジャカランダだったのだ。5月の終わり、10メートルを超える大木に青紫の艶やかな花がいっぱい咲いていた。写真をたくさん撮って、南郷を共に旅した方に送った。「羨ましいです」と嫉妬された。

旅人を受け入れる自治体で奮闘する方に旅する立場から伝えたいことがある。

もっと身近な、本当に近くにいる人に想いを寄せてほしい。遠くから来た人ほどお金をたくさん落とすなどというコンサルタントの話を鵜呑みにしてはいけない。コンサルは話を複雑化したいのだ。

近所の人がコロッケを買い、ラーメンを食べて成り立つ観光地は作れる。

宮崎は本当によい気が流れている素敵な場所だ。邪気は取れるし、食べ物は美味しい。人も優しい。宮崎へおいで。

# 神魂神社の涙

「神魂（かもす）神社へ行けますか？」

夏休み前にメールを受け取った。

生まれつき足が悪く、杖で生活している明日香さんからの相談だ。

大手旅行代理店のカウンターでするような質問ではない。

そういえば、足が悪くてツアーに参加することが難しい人は、行ってみたい場所があるとき、誰に聞き、どのように解決しているのだろうか。自力で解決できるようなツワモノばかりではないはずだ。

そもそも、質問を受けた私も神魂神社がどこにあるか知らない。読み方だってわからない。さっそくグーグル先生のお世話になる。即答だ。なんでも教えてくれる。「かもす」神社は島根県にあり松江市内から比較的近いことがわかった。バリアフリー情報などはもちろんどこにもなく、ネットにアップされている写真には急な石階段が写っている。

とはいえ、せっかく行きたい気持ちになっている人に、難しそう、厳しそう、階段です、危なそうです、などと負の情報を浴びせて、気持ちを落ち込ませることなどしたくはない。

逆に「大丈夫ですよ」などと無責任なことをいって、現地で立ち往生するのもよくない。このあたりのバランスをどう取るか、正解などない。「その人の性格や想い、願い」を総合的に判断してGOサインを出すかどうかを決めるしかないのだ。

明日香さんの性格を知っている私は、「どうすれば、この夢が叶うか」に焦点を当てて話を先に進めることにした。

障害者の旅のサポートをプロとして受ける際、安請け合いをしてはならない。恥ずかしく、思い出したくもないが、この仕事をしていて、何度失敗したかわからない。判断の誤りは事故や怪我に直結する。

「この人は話を聞いてくれる人だ」

救世主を見つけたとばかりに飛びついてくる人は大勢いる。

ところが旅の準備が進むにつれて、自分の望む答えが得られないとわかった瞬間に逆ギレする人が多くて、閉口したことも数えきれない。イメージと違う答えを受け取りたくないのはわかるが、突然キレてしまうと収拾がつかなくなる。

過剰に期待させてしまった私が悪いのだが、それにしても、嘘つきだの無能だのと罵らなくてもよいのにと思う。私たちの仕事はある部分において福祉や医療の仕事同様、介護者や家族の行き場のないストレスのはけ口になる傾向がある。

どんな仕事にもお客様を選ぶ権利はあると考えているので、罵声を浴びたり、取引を持ちかけられたりして、その先の旅が成功するとも思えない。お互いに縁がなかったと思うのがよい。旅は、課題を前向きにクリアしながら楽しもうと考える人と共にしたい。

神魂神社はふたつ返事で引き受けた。むしろ、自分自身が行きたいと感じた。

出雲大社も八重垣（やえがき）神社も素敵だが、ガイドブックに載っていないような神社をなぜ見つけ出してきたのか、そのことに興味があった。聞いてみると、「島根に行くなら神魂神社にお参りするといいよ」とある人から助言を受けたのだという。まさに神の助言ではないか。私もそんな神がかったことがいえる人間になりたい。

神魂神社の本殿は現存する日本最古の大社造りで国宝だ。

出雲は台風で大荒れだった。神の荒っぽい歓迎を受けながらも旅を続けて、倒木や土砂崩れを避けながら、神魂神社に着く頃には雨が上がり、晴れ間さえも見えてきた。

どこに神社があるのかわからないような住宅街の中に、緑に包まれた場所があった。鳥居の向こうには急な石段がある。手すりもなく流石に本殿は厳しいかと思ったが聞く人もいない。うろうろしていたら、草刈りをしているおじさんがいた。

「車イスで来ているのですが神魂神社さんにお参りは難しいですかね」と聞いてみると、「この坂を上がって右に入る道があるから、そこから行けば本殿に出られるよ」と教えてくれた。教えられた通りに行くが道がない。雑草をかき分けながら進んでみると、なんと今、かき分けている雑草の下に獣道らしきものがある。ここが草刈りおじさんがいう本殿への道だった。バリアフリーとは言い難いが、本殿に出た。

もののけの世界に迷い込んだかのような光景。
８００年前から時間が止まっているようだ。
映画の世界か、現実か。言葉が出ない。出てくるのは涙だ。
人は心を浄化するために涙を流すのだ。

明日香さんは、旅の最中に時々、動かなくなる。フリーズしたかのように動かなくなる瞬間がある。屋久島で紀元杉に出会った時、霧島神宮で境内の御神木の前に立った時、そして神魂神社。

神魂神社では五体投地（ごたいとうち）をするかのように地面にしゃがみこんで、神様からの気を受け取っているように見えた。ここでも時間は止まっていた。１時間はいただろうか。時計をしていない私は時間を計る習慣を持たないのだが、こんな場面で時間を気にするなんてナンセンスだ。1日、神様と交信していればいいと思う。そのためにわざわざここまで来たのだから。

御朱印とかお守りを受けようという気にならないくらい、神々しい気が流れる境内。古来より、人は神の懐に抱かれて、救われてきたのだろう。

日本人に生まれてよかった。

# 次はうちに泊まりなさい

田舎の人は無遠慮でおせっかいで、自分の価値観を押し付けがち。

だけど憎めない。

若い人が田舎を嫌がる理由はそこだと思うし、私自身も地方育ちなので地方の面倒くさいところや、都会に憧れる気持ちもよく理解できる。


熊野古道。

「蟻の熊野詣」と呼ばれるほど賑わいをみせたという参詣道。スペインのサンティアゴ・デ・コンポステーラの巡礼の道に匹敵する歴史を持つが日本全国から人が押し寄せてくるという話は聞かない。テーマパークもいいが日本人が古来より信仰の道として歩いた土地の空気にも触れてほしい。

熊野古道は地元の人によってしっかりと整備されていて、もちろん観光客が歩くこともできる。コロナ禍前はフランスを始めとしたヨーロッパからのバックパッカーがこの道を歩く姿が目立った。彼らは信仰の道に親近感を覚えるのだろう。

熊野に足を伸ばしたら、「天空(てんくう)の宿たかはら」をベースキャンプにして熊野本宮大社、那智大社、速玉(はやたま)大社の熊野三山をお詣りしてほしい。バリアフリー対応の部屋もあるし、何より日本の原風景のような景色が素晴らしい。そしてできれば、大斎原(おおゆのはら)にも足を伸ばしてほしい。

明治22年の大洪水まで熊野本宮大社があった旧社地で神が舞い降りたといわれている。比較的新しく設営された大きな鳥居があるだけで、本殿などはないが、パワースポットとして隠れた人気があり、とてもよい気が流れている。熊野は都会の生活に疲れ、人間関係の邪気を溜め込んでしまった人にはうってつけの浄化スポットだ。

ちなみに熊野本宮大社と那智大社は駐車場から階段があるが、足の悪い人でも参拝可能なアクセスルートがあるので、神社に問い合わせて確認してほしい。新宮の速玉大社は坂や階段はないので、車イスや杖を使う人でも安心して参拝できる。

健脚の方には、速玉大社の摂社である神倉神社もおすすめしたい。神倉神社はゴトビキ岩をご神体とする５００段を超える急な石段の上に鎮座する神社だ。毎年2月6日の夜には、熊野に春を呼ぶといわれる、男の火まつりとして御燈祭が斎行される。白装束に身を包んだ荒くれ男たちが、松明を手に５００段の石段を駆け下りてくる様は圧巻だが、公開されている動画などを見るにつけ、危険な秘祭でよそ者や素人が近寄る雰囲気ではないと感じる、まさに秘祭。昔はどこの祭りも秘祭だったのだ。いつからか祭りが観光客を呼ぶ集客装置になってしまい、本来の宗教行事からは離れていった。コロナで祭りも原点回帰するなら、それは悪いことではない。

熊野古道自体は急な石段がほとんどで、足が悪い人や車イスユーザーは石畳を実際に歩くことは難しいのだけれど、熊野古道の雰囲気だけでも触れてほしくて、熊野を訪れると旅の途中、高原集落に立ち寄り1泊することにしている。

山の中腹にある「天空の宿たかはら」へのアクセスは悪く、車が行き違いするのも困難な狭い道を登りつめた集落の先にある小さな宿だ。公設民営の宿で部屋数も少なく、外観だけでは宿だと分からないほどの佇まいだ。部屋は質素だけれど、何しろ神様の住む集落で、気の流れがよい。ここにいるだけで天からのパワーがもらえる土地だ。

窓から見下ろす高原の集落、早朝は雲海に包まれることも多く、神々しい時を過ごせる。


翌朝、高原熊野大社(たかはらくまの)に足を運んだ。通りすがりには見つけることが難しい、小さな、本当に小さなお社は、天皇家が参拝に来るとは思えないほどの規模で集落の中に隠れるように鎮座している。境内に入ると、近くで雑草を抜いていたおばあちゃんに問わず語りに話しかけられた。

「どこから来たの？」

コロナ禍においてはドキッとする難問だ。排他的な田舎では県外客を露骨に毛嫌いすると聞くし、どこかの県では知事自らが「来ないでくれ！」と声高に叫ぶ映像をテレビでも見せつけられている。塩をまいて追い返されることも覚悟した。それでも正直に関東から来たと答えてみたが、

「おやおや、そんな遠くからご苦労様だねえ」とねぎらいの言葉が出てホッとした。

「昨日はどこに泊まったの？」と聞かれたので、天空の宿ですよ、といったら、

「あそこには私も毎日のように行くわ。料理を教えたり、野菜を届けたりね。お茶も飲みに行くのよ」

「あんたたち、あそこに泊まるのもいいけど、お金かかるし、次来た時はうちに泊まりなさい。家は広いから部屋はいくらでもあるのよ。いい？　お金もったいないからね」

テレビのやらせ企画でもあるまいし、社交辞令だと思い生返事をしていたら、

「ちょっとあなた聞いてる？　今、電話番号教えるから、メモできる？　携帯あるでしょ、私の電話番号を今、登録しちゃいなさいよ。いい、いうわよ。090……」

私は慌ててスマホを取り出し電話番号を登録した。

「あ、私はねクミコといいます。クミコ。来る時は早めに電話してね。ご馳走をたくさん作るからね。いい？　お金がもったいないから、次はうちに来るのよ。わかった？」

それだけいうと、クミコおばあさんは満足そうに家の方角へ歩いて行ってしまった。

クミコおばあさんには、まだ怖くて電話していない。

うっかり電話でもしようものなら、1週間くらい、帰してくれなさそうだから。

熊野の小さな集落でおばあさんと携帯番号を交換することになるとは。
これだから、旅は面白い。
クミコおばあさんは、熊野の神の使者かもしれない。
電話はしないけど。

# 駆け巡る旅は一度だけ

２０１７年は私が初めて北欧を旅した年。

北欧に行こうとすると、どうしても欲張ってしまう。

今もう一度、北欧に行く旅を企画しろといわれたらフィンランド、スウェーデン、ノルウェーの３カ国を横断する無謀な旅は作らない。

一般的な団体ツアーであれば、これにデンマークを加えて回ったりするが、記憶が散漫になり疲れるだけだ。とはいえ、何度も北欧に行けるわけではないから、横断的に「行きたい場所に全部行く」旅も必要かも知れない。おすすめはしないけれど。

表面的にでもいくつかの国を巡っておいて、よいと思えばまた次の機会を見つけてゆっくり再訪する。それならアリといえばアリだ。

北欧の初めての旅は私にしては珍しく、10日間で3カ国を回った。とにかく忙しかった。普通のツアーなら当たり前なのかもしれないけれど疲れた。

フィンランドはヘルシンキだけを1日観光。大聖堂もオールドマーケットも、初夏の散策は本当に気持ちよかった。大型客船タリンクシリアラインでストックホルムまでのクルーズ。中国の団体が占拠していて居心地のよいものではなかったが、よい体験にはなった。

ストックホルムもオスロもとにかく時間が足りない。駆け足なんてものではない。定期観光バスのように市内観光をするのが精一杯。

アバミュージアムの前を通りながら、時間不足で中に入れないなんて、ベルテンポ創設者としては無念過ぎる。ガイドさんに恐る恐る「中に入る時間、ありませんよね」と聞いてみたが「無理です、ありません」と却下された。

ストックホルムの地下鉄にはいつまでも乗っていたかった。駅が美術館なのだ。

100近い駅が新進気鋭の芸術家たちによってデザインされており、さながら近代美術館のようになっている。

ノルウェーの首都オスロで念願のムンク「叫び」と対面。

あちらの美術館は写真撮影も書写もOK。

何百億とするであろう絵画の前で当たり前のように記念写真を撮る観光客。しゃがみこんでスケッチをする地元の子供達。芸術の感性は禁止と制限からは生まれないんだよなあと感じた。旅の後半はフィヨルドホテルとして有名なウーレンスヴァーク滞在。2日間滞在して中1日は「なんにもしない日」。バスドライバーが「どこにも行かなくていいのか？　俺も休みでいいのか？」としつこく聞いてくる。

「その辺までドライブするならバスをいつでも出すよ」と、どこにも行かない日本人グループに納得がいかない様子。「いや、今日はホテルでのんびりするから大丈夫、サンキュー」と伝えたら「なんてエクセレントなツアーだ！」とドライバーは大喜び。

このホテルは作曲家グリーグが滞在して作品を創造した場所でもある。

旅の最後にベルゲンを入れたのは私の個人的な想いから。グリーグ博物館トロウハウゲンで時間を取り、中学生の頃から好きだったグリーグの「ピアノ協奏曲イ短調」の

CDを買った。

ベルゲンでは毎晩のように演奏会が開かれていると聞き、いつかグリーグゆかりの地を訪ねる旅も作ってみたい。北欧の物価に驚愕しながら、厳しい気候の中で小さな幸せを見つけようとする「足るを知る」生活に触れて、北欧のことが好きになる。そんな旅をした。

プロ添乗員の先輩方に北欧の話を聞くと、ヘルシンキは3日もいたら飽きる。オスロも1日で充分。ベルゲンは半日が限界、などといわれてしまい、そんなものかと思っていたが、ヘルシンキは1カ月でも退屈しないし、オスロの博物館だけでも1週間かけて回れそうだ。ベルゲンはもちろんコンサート三昧。

次回からは1カ国ずつ、いや、1都市ずつゆっくりと訪ねよう。

# メリットより理念で集まる仲間がいい

旅を会員制にしている理由がある。

旅の仲間が集うベルテンポファミリーは会員制。年会費をいただいている。年会費はニュースレターの印刷や郵送代にあてている。会員制といっても、サークル活動みたいに人間関係が煩わしくなるようなベタベタな関係ではない。同じ価値観を持つ人がゆるく集まるような旅仲間のイメージだ。

損得や序列は嫌いなので会員証も会員番号もなく、ポイント加算や割引や優遇制度もない。古参会員だからとか、客単価の高いヘビーユーザーだから偉いとかはない。上下や優劣は私がもっとも忌み嫌うところだ。そもそもお客様にも人間にも上級会員も上級国民もあってはならないのだ。上級があるということは、下級があるということ。私は、そういうのは嫌だ。

もうひとつ。自省を込めて決めていることがある。私の価値観を押し付けるのではなく、「こんな旅がしたいですよね」と共感してもらえるような旅がしたいと願っている。会社を創立した初期の頃は、私が若くてとんがっていたのもあるが、お客様から「それって、あなたの価値観ですよね」と怒られたことがある。

もちろん、会社の運営方針は社長である私の価値観がベースなのだが、ひどく怒られた。理念を共有することと、私の価値観を押し付けることは違うのだと、この時、反省したのを覚えている。

会員制が大切な理由。それは私が大手旅行会社勤務時代に経験した、「ルールやマナーが守れない残念な人」と共に旅をする苦痛が元になっている。集団行動にも関わらず、自分勝手な人は格安ツアーになればなるほど増殖するイメージがある。「お客さま、いったい、いくらお支払いですか？」といいたくなるくらい、激安なツアーほどクレームが多いのだ。

添乗員として大勢のお客様の命を預かっているのにも関わらず、たった1人のわがまま客の要求に振り回されたこともある。次から次から手裏剣のように要求を出してきて、現場を混乱させるツアー客だった。こちらもできる限りの対応はしたつもりだが、そこまでしても、アンケートの評価は5段階の「1」。コメントには最低の添乗員とまで書かれていた。

最低なのはあなただ。最後の要求は「夜の女を紹介しろ、添乗員ならよく知っているだろ」。日本人の恥さらしだ、とは面と向かっていえないので、心の中で軽蔑しながら、「お客さま、この国では捕まったら最悪死刑ですよ」とやんわり断ったのが逆鱗に触れたのだろうか。まあ、そういうことは1人でやってくれとは思った。

最低の添乗員と書かれて、「ふざけるな！」といいたくなる気持ちをぐっとこらえて、酒を飲んだ、いや、涙を飲んだことを覚えている。悔しかったな、あれは。

だから、私は「お客様を選ばせていただく」ことに強い信念を持っている。それは、傲慢などではなく、「本当に大切なお客様」のためでもあるのだ。

ルールやマナーをきちんと守る、よいお客様が損をするのはおかしい。

大切なことなので、何度でも書くが、お客様をきちんと選ぶ、選び抜くというのは、本当に大切なお客様への礼儀であり、マナーなのだ。

# お母さんの手作り料理がいちばん贅沢

これまで旅をした国の中で、もっとも消費税率が高かったのはスウェーデン、デンマーク、ノルウェーだ。消費税率25%。ノルウェーでお世話になった女性ガイドさんに、「暮らしにくくないですか」と聞いたら、「まあ税金は高いですけれど、国家が壮大な保険会社をやっているようなものですかね。安心感はありますよね」とのことだった。ちなみに一般的な物品への消費税は25%だが、生鮮食料品などの生活必需品は15%、交通機関、宿泊、印刷物などの税率は12%の軽減税率が適用になっている。隣のスウェーデンでは加工品に対する消費税は25%で、食料品や衣料品などの生活必需品にはほぼ半額の

12％、新聞書籍など文化的なものは6％という軽減税率が適用される。日本はもちろんだが、北欧でも外食は普通に消費税が課税される。ノルウェーの港町ベルゲンでカフェに入り、ピザを頼んだ。日本円に換算して4000円弱だったのでホールのピザを何人かでシェアしようと思ったら、一切れの値段だった。いやはやワンピース4000円。

日本でも外食が高くなったと感じることが多い。ファミレスもジワリと価格が上がっていることを実感する。サイゼリアだけは神だけど。

思い込みというのは恐ろしいもので、特に根拠はなくても「そんなものだ」と決めてかかっていることはとても多い。「外食は贅沢」「だから、たまにしか行けない」もそのひとつだ。


ポルトガルのリスボンで夕食を食べた。

4人で消費税込み。

108・90ユーロ。日本円で15000円くらい。1人3800円くらいの計算だ。

「東京なら1人8000円から1万円してもおかしくないバリューですね」と皆で頷く。

観光客向けの高級レストランに入ったことがないので決めつけることはできないが、

ポルトガルを旅していると、物価がとても安い国だと感じることが多い。円安であるにも関わらずだ。

物価といえば、以前、日本でも消費税が上がる際に軽減税率が話題になった。ちなみに、ポルトガルの消費税は23パーセント。日本の税率が可愛く見えてしまう。1万円の買い物に2300円の消費税がかかるのだ。しかし、現地ガイドの河内さんは「ポルトガルは本当に暮らしやすいですよ」と当たり前のようにいう。

「日本は暮らしやすいですよ」と胸を張れる日本人はどれくらいいるだろうか。

ポルトガルが暮らしやすい理由はいろいろあるのだが、感心したことに軽減税率の考え方がある。レシート合計額の108・90ユーロは消費税込みの表示だが、レシートをよく見ると、消費税13パーセントと23パーセントが混在している。ちなみに23パーセントはワインとミネラルウォーターだ。そのほかのフードメニューは13パーセント。軽減税率が適用されている。

ポルトガルでは外食には軽減税率が適用される。

「え？　外食は贅沢でしょ」と、私たちは考えるがポルトガルの価値観は日本とは異なる。

「この世の中で、いちばん美味しいのはお母さんの手作り料理。外食はそれには負ける。でも、お母さんも毎日料理を作るのは大変だし、たまにはお母さんを休ませてあげたいから外食する。外食はお母さんを休ませる為にある。だから、外食には軽減税率が適用される」

これが河内さんが説明してくれた、ポルトガル国民の考え方でありロジックだ。こじつけに聞こえるだろうか。政治家が全責任を持って、お母さんを休ませるために外食産業があるとの説明をすれば、国民は納得するだろう。反対する人などいるはずがない。（ここでは「そうじゃない。男も料理を平等に分担すべきだ、ガオー」のようなポリコレ議論はしないでほしい。私は男だけど料理は普通に作りますから）

外食はお母さんを休ませる為にあるから、軽減税率適用。これが本質的な考え方だ。

新聞だけがなぜか政治的取引で軽減税率になる国、日本。コンビニのイートインはダメだとか、本質からずれた話しかできない日本。

そもそも10パーセントがゼロになるならまだ軽減税率にも意味はあるが10パーセントが8パーセントなら軽減税率なんていらない。全部10パーセントでいい、商売している人の手間が増えるだけだ。

日本のトップにいる頭のよい人たちは本当に大丈夫なのだろうか。頭が良すぎる人が集まるとバカになるといわれるが、日本では、本質的な議論からどんどんズレて行き、さらにそのズレが大きくなっていく。

もちろん、そのズレている人たちを選んだのは私たちだから、すべての責任は私たちにあるのだ。官僚は国民から選ばれていないけれど。

「政府さん、お役人さん、なんか本質からズレていますよ。大丈夫ですか」

子育て支援とか、働き方改革とか、消費税増税もだが、20年30年後に日本を背負って立つ人たちにすべて任せて、話し合って決めてもらったらよいのにと思わずにいられない。国の未来は彼ら彼女らのためにあるのだから。外国から日本を見ると、日本は本当に危ないと思わざるを得ない状況ではないか。

未来のことはお年寄りが決めてしまわないで、若い人に任せよう。国の未来を考える検討会議メンバーにおじいちゃんしかいないのは、デジタル庁が紙で稟議書を回しているのと同じくらい滑稽なことだとそろそろ気付こう。

お母さんの手作り料理がいちばん贅沢だなんて、素敵な価値観、国家観ではないか。

# 日本ってそんなにバリアフリーが遅れているんですか

電動車イスで無人駅下車突撃事件の副次的な効果は、日頃、バリアフリーに興味がない人も障害者移動アクセスの問題に関心を寄せてくれたことだ。

現場の駅員さんから届いた基本的な疑問に、「日本ってそんなにバリアフリーが遅れているんですか？」と問う声があった。

障害者の人たちと、この20年数年間で世界を30カ国以上、日本は47都道府県、利尻礼文知床奥尻から波照間島、与那国島まで旅をした。

どの国にも良い面もあれば課題もある。

万人に100点満点のバリアフリー大国など地球上にはない。

　個人的な見解だが、日本は設備的なバリアフリーは比較的整っていると感じている。特にこの20年の進化は目覚ましい。大きな駅にはエレベーターがあるし、多目的トイレも探し回ることは少なくなった。障害者差別解消法や交通バリアフリー法は完璧ではないが、社会の流れをマイノリティーの人たちの移動保障に向けて大きく動かしたことは間違いない。


　北欧は福祉が進んでいるといわれるが、ストックホルムの石畳や歩道の整備の悪さは車イスユーザーには厳しすぎる。ヨーロッパの鉄道はホームが低いので電車の乗り降りには必ず段差がある。旧市街や教会にアクセスできるかといえば、やはり厳しいと言わざるを得ない。なんでもそうだが海外が素晴らしくて日本がダメということではない。

　無人駅での電動車イスの乗降に関しては賛否が分かれるところだが、ポルトガルの地下鉄は、路線図に車イスマークが付いている主要駅のみが乗降可能とされている。途中の階段しかない駅はそもそもサポートする駅員がいないので乗降不可となっている。

タイ・バンコクでスカイトレインに乗ろうとしたら階段しかなかったことがある。インターフォンがあったので通話してみたが、待てど暮らせど誰もやって来なくて待ちぼうけだったこともある。完璧な国などはないのだ。

旅をする中で印象に残った世界のバリアフリー事情と日本の良い面、悪い面を考察してみたい。

〈ハワイ・メインランドアメリカ〉

アメリカは権利と義務がセット（ＡＤＡ＝障害者差別禁止法の罰則付き法律と自立の要求）。航空会社のオーバーブッキングは車イスであろうと平等に起きる。障害者ルームのオーバーブッキングも日常茶飯事で誰も驚かない。ある意味、平等。障害者の側の権利が法律で保障されるが義務もセット。

〈カナダ〉

カナダはフレンドリーだが雑にも程がある。車イスは預けると壊される。ターンテーブルに出てこない、失くされる。車イストイレも故障中のまま直す気配もない。とはいえ、フレンドリーなのでストレスフリー。

〈スイス〉
制度設計はよくできている。電車のホームは低いところがほとんど。各駅に昇降機があるが事前連絡しないで駅員に顔を真っ赤にして怒られたことがある。車イスより定時運行優先。モタモタしていると乗り遅れる。笑顔は一切なし。笑顔やおもてなしではなく、仕組みでバリアフリーを保証している。

〈ポルトガル〉
リスボン地下鉄は階段のみの駅がほとんど。主要駅のみエレベーター。坂と石畳は想像を絶する。いきあたりばったりで、ぶらり散歩に出るとひどい目にあう。

〈スペイン〉
障害者は極端にスリに狙われやすい。バルセロナの自由市場では怖い思いをした。ヨーロッパは全般的に南へ行くほどバリアフリー・アリー＆フレンドリー。

〈台湾〉

台北に限っての話だが、世界有数のバリアフリーアクセスが保証された動きやすい街だと感じる。地下鉄は全線バリアフリー対応でホームと電車の間に段差がないので、駅員のサポートも必要ない。いつでも自由に動き回れる。台湾国鉄も駅員配置に余裕があるのか、その場で乗降の依頼をしてもすぐに手配をしてくれることが多い。台北駅には専用の介助スタッフもいる。街を散策していると電動車イスで滑走している若者を大勢見かける。ストレスフリーなのだ。

日本の若者が街のユニバーサルデザインを研究するなら、アメリカや北欧に行くのではなく、台湾を視察するのがよい。車社会のアメリカは電車で移動することがそもそも少ない。北欧は福祉に対する概念が違いすぎる。ノルウェーのオスロに滞在した時、急坂石畳の街で障害者の人はどうやって外出するのかと聞いたら、日本でいうところの介護タクシー、介護バスのような仕組みが機能しており、障害者や要介護の人は、月

100回まで無料で利用できるという。ガイドさんからの伝聞なので興味がある方はご自身で調べてほしい。税金が高いから、外出する仕組みにも予算がつけられるのだ。高福祉高負担の典型のようなサービスシステムだ。

日本の話をしてみたい。

「日本でバリアフリーを感じる街はありますか」と聞かれることが多い。

公共交通機関のみでアクセス範囲が広いという意味なら、東京は世界に誇るバリアフリー都市だ。実際には混雑や迷路のような乗り換えにストレスを感じるが、バリアに阻まれて立ち往生することはほとんどないのではないか。

私に質問をしてくる人は設備的なバリアフリーの話を聞きたいのだと思うので、あえて論点をズラして、高野山の宿坊「恵光院（えこういん）」にみるおもてなしの本質を紹介したい。バリアフリーの本質とは、結局はおもてなしの本質なのだ。表でどれだけ綺麗なことを口にしても、裏で違うことを考える人にはバリアフリーへの取り組みはできないというだけの話だ。

これまで10回ほど高野山に足を運んでいる。お世話になる宿坊は「恵光院」。宿坊というと暗くて湿っぽくて、大広間で他の宿泊客と一緒に雑魚寝するようなイメージがあるが、恵光院は清潔感溢れる宿坊だ。なぜ島津の紋章が、と思ったら島津家の菩提寺だそうだ。部屋は質素で洗面トイレ共同の部屋もあるが、女性はトイレ付きが必須だろう。改装されたトイレ付や内風呂付の部屋もある。よい部屋から埋まるので、早めの予約が必須ではある。

精進料理は素材の味を生かした穏やかで優しい味。

宿坊といえど、お酒も飲める。修行になるのかは別問題だが。

恵光院最初のご縁は南海電鉄グループの社員向けサービスマインド研修に講師として呼んでもらえたことからだ。高野山でケーブルカー駅員、路線バスドライバーの方向け研修時、手配してもらった宿坊が「恵光院」だった。担当の方が「高野山には宿坊しかなくご不便をおかけします」と申し訳なさそうに伝えてくれたのが印象的だった。

ご不便も何も恵光院に泊まって宿坊のイメージが180度変わったし、サービス観が変わったといっても過言ではない。住職の近藤さんが若い新鮮な発想で果敢に新しいことにチャレンジしている。

部屋は質素ながら清潔
お坊さんは優しく怒られたりしない
もちろん棒で叩かれたりはしない
精進料理は身体が喜ぶ美味しさ
wi-fiなど公共スペースのさりげないもてなし
旅館にありがちな過剰接客がない

ちなみに恵光院はいわゆるバリアフリー対応ではない。古いお寺なので入口には田舎の玄関のような上り框(あがりがまち)がある。宿坊内も本堂も階段が多い。多目的トイレなどがある訳ではないので、設備面で完璧なバリアフリーを望む人には向かない宿坊だ。

それでも、足が悪い方と、何度も高野山にお参りすることができているのは恵光院が「足が悪い人は無理」と門前払いするのではなく、「どうすれば安心して高野山にお参りしてもらえるか」を私たちと一緒に考えてくれるからだ。旅はお客の側と受け入れ側が共に創るものだ。どちらが上とか下とかはない。

以前、近藤住職に講話をお願いした際、恵光院では刺青、タトゥーお断りという制限を設けていないといわれていたのが印象的だった。「人を外見で判断してはいけない。もちろんルールやマナーが悪い人は刺青のあるなしに関わらず注意します。人を容姿で差別するのは弘法大師様の教えに反します。宗教も関係ありません。どの宗教でもキリストでもイスラムでも歓迎です。ここでは、私たちのルールに従ってもらえたらいいのです」

これがバリアフリーの本質ではないのか。車イスだから断るとか、一人旅だから断るとか、最初から受け入れの意思を感じない対応を、日本全国の宿泊施設で散々されてきた身には、我が意を得たりの思いだった。

近年のおもてなしと称する過剰接客には違和感を覚える。高級リゾートホテルが、至れり尽くせりを売りにしすぎたのがよくないのかもしれないが、近年の日本のサービスは明らかに過剰だ。過剰な割には本質からはズレている。

恵光院には過剰なおもてなしはないが、全館にwi-fiが完備されていたり、清潔な大浴場があったり、心地よさの本質がわかる。ロビーにはコーヒーマシンがあり、24時間挽きたてのコーヒーが飲める。近藤住職に聞いたのだが、コーヒーマシンは相当なこだわりを持って導入したらしい。自慢しないのが奥ゆかしいが、本当はいいたくて仕方がないと思う。ちなみにコーヒー代金は「お気持ち」だ。宿坊らしくていい。

「高野山はいつがベストシーズンですか」と聞かれることが多い。四季折々の自然が満喫できるが、個人的にはピリッと張り詰めた空気が心地よい2月が好きだ。冬は部屋にこたつもある。

お坊さんとの絶妙な距離感が心地良くて、研修のご縁をいただいてから毎年高野山に足を運ぶことになった。恵光院が最初の宿坊でなかったら、ここまで高野山を好きになることはなかっただろう。

旅館やホテルも、コロナで大変な時期ではあるが、団体客やインバウンドが消滅した今、「生まれ変わる」時期なのかも知れない。思い込みからくる思考停止ほど恐ろしいものはない。先代の成功体験にすがって生きていけるわけはないのだが、サービスの世代交代ほど難しいものもないのだろう。

若い世代の経営者が、柔らかい頭で考えて、これからの時代の新しいサービスを創造してほしいと切に願う。

そのためにも、旅館ホテル経営者の方はぜひ高野山をベンチマークしてほしい。宿泊しているのは真言宗の信徒ではなく、ごく一般の若い人やファミリーなのだから。どこへ行っても代わり映えのしない観光地や温泉旅館に飽き足らない人が、遠方から高野山にリピートしている。

高野山に惹かれる人たちの想いは、四季折々の移り変わりが魅力であるのはもちろん、１２００年変わらない修行の場が、戦争にもコロナにも翻弄されず、勤行や護摩祈祷を淡々と日々続けていることに尽きる。コロナなど１２００年の歴史からみたら、小さなイベントにすぎないのだ。

私たちは目の前のことに一喜一憂してしまいがちだ。高野山で弘法大師が説いた「すべてを受け入れる」態度など何回生まれ変わっても無理だろうが、せめてそのエッセンスだけでも感じたい。高野山に流れる気を受けるだけで、頭の中がスッキリとする。

「最近、邪念が溜まっている」「迷いがあって前に進めない」と思われる方は、静かな高野山へ足を運ぶことをおすすめしたい。

# あなたは私に何をしてくれるんですか

知らず知らずの間に「お客様」になってしまうことが多い。
私だって偉そうなことはいえない。

お茶が出てこない
飛行機が遅れた
在庫が切れていた
忘れ物をキチンと探さない

「俺はお客だ」がベースだと、イラっとしてサービスが悪い、となってしまいがちだ。駅や病院などで、大きな声を出している人をみると本当に気分が悪い。自分が大切にされていないと怒る人の傾向として、お金を払っているのだから、よくしてくれて当たり前。そんな考えが根っこにある。

サービス業だけではなく、セミナーや講演も同様だ。アンケートに「つまらなかった」「参考にならなかった」と書く。誰かから強制されて参加させられたならわかるが、自分の意志で申し込んで「参考にならなかった」……それは自分の選択眼が鈍っているだけではないか。アマゾンなどのネット書店の書評も同様だ。買って面白くなかったらスルーすればいいのに、わざわざパソコンを開いて、著者も読むであろう書評欄に悪態をつく。残念な人生としかいいようがない。過激な言葉で批判して、溜飲を下げて楽しい人生なのだろうか。

楽天やじゃらんには宿の口コミサイトがある。日本人はネガティブなこと、厳しいことを書くのが大好きだ。この口コミは旅館やホテルの担当者の脅威でもあり、大変なストレスを抱えていると聞く。本当に気の毒としかいいようがない。

チェックイン時、フロントスタッフが雑談していた
洗面台に髪の毛が落ちていた
部屋が寒かった
となりの部屋がうるさかった
コンビニが近くになかった
特典の粗品をもらえなかった

コンビニに用があるなら、予め買ってからチェックインするか、事前に電話で「近くにコンビニありますか？」と聞けばいいだけの話だ。コンビニが近くにないのは宿が悪いのか。そんな口コミを書き込む人の頭が悪いとしか思えない。特典がもらえていないなら、その場で確認すればいいだけの話。なぜ、その時いわないのだろう。黙って帰って来て、それから口コミサイトに書き込む。貴重な時間とお金を使って、本当の旅行の楽しみ方を知らないのだろうか。粗品がもらえなかったから旅行に不満が残ったとは、

客としてのリテラシーが低いのか、客だから何をいってもいいと親から教わっているのか。日本の口コミサイトは、書き込む人のリテラシーが高ければとても有用だが、読んでいるとだんだん気分が悪くなってくる。辛口評価がとても多い、不寛容の極みだ。自分のストレスのはけ口にしているとしか思えない。

外国の旅行サイトなどを見ていると、プラス発想、ポジティブなことがたくさん書いてあることが多い。もちろん例外もあるが、アメージングとかナチュラルとか、宿のよいところを見つけて書き込むのが普通だ。なぜか。

その宿に泊まることを、誰かに強制されたのではなく大人である自分が自分の意志で決めたのだ。自分で決めて泊まった以上は「よいところをみつける」ほうが快適に滞在できるからだと聞いたことがある。批判は自己否定だと。

口コミサイトというのは、基本的にはハッピーな気分のシェアであり、サービスを糾弾するためのものではない。同じお金を払うなら、快適な気分で過ごしたほうがいいに決まっている。旅の仕事を長年手がけているが、旅先でイライラして、些細なことでクレームをあげている人をみると「おとなげないなあ」と思ってしまう。

ある旅で、バンクーバーからウィスラーに向かう観光列車がなぜか3時間以上遅れた。外は大雨。女性車掌さんに遅れの理由を聞くと「よくわからないのよ」という。「ここは単線で、対向列車が来ないことには出発できないのよ」と嘆いている。

何も考えずに「その対向列車はいつ頃来そうですか？」と尋ねたら、女性車掌さん曰く「それがわかれば苦労はしないわ」と平然と返す。ソーリーなんてひとこともいわない。だって大雨は車掌のせいじゃない。

周りの乗客は静かに読書をしたり、窓の外をみたり、家族で雑談したりしている。不思議と居眠りしている人はいないのだが、いつ動くのかと聞いたのは私だけ、クレームをあげる人など一人もいない。列車の遅れは不可抗力だとみんなが知っている。まあ確かに、看護師や消防士が平然とストライキをやる国だから、列車の遅れなんて、蚊にさされるくらいの出来事なのかも知れない。

この状況は不幸なのか。そんなこともなさそうだ。暇ならおしゃべりすればいいし、持ってきた本を読んでいればいい。車内では多くの人が読書をしていた。外国の人（ここでは私たちが外国人だが）は旅にたくさんの本を持ってくる。重たいだろうに、スーツケースに本を詰め込んでくる。テラスやプールサイドで読書をしている人を本当に多く見かける。

恐らくウィスラーへの日帰り客は私たちだけ。他の方は2週間や3週間は旅するのだろう。几帳面できっちりした日本人は賞賛されることも多いのだが「心のハンドル」に遊びがない、ゆとりのない国民ともいえそうだ。

拙著をすでに2冊、世に送り出している札幌の出版社エイチエスの斉藤専務。「読書のすすめ」の清水店長を札幌に招き、逆ものさし講を主宰している。斉藤専務の案内文には学ぶことが多い。

――

今回も清水店長の話が中心になりますが、先生と生徒の関係ではありません。教えてもらう、教えて上げようという場ではないのです。そんな垣根を取っ払って一緒に学ぼうではありませんか。3000円払うと、私は何が得られるのですか？　そんな人は来なくてよいのです。いや、来てもらったら迷惑なのです。3000円払って、尚かつ、この場をよりよいものにする為に、自分には何ができるのかを考える。それが「逆ものさし講」なのです。

――

日本人がもっと自分に責任を持って、社会の中で自分の責任を果たすためにこのような考え方がもっと広まることを心から願っている。あなたは私に何をしてくれるんですか？　こんなことを平気でいう人間にならないために「報恩謝徳」の心で日々を過ごそうと誓ったカナダの旅だった。

5時間以上遅延したウィスラー行きの観光列車。予定していた滞在時間はほぼなくなってしまった。ご一緒してくださったお客様には本当に申し訳なかったが、列車が5時間遅れることなどカナダでは当たり前。日本のように、分単位でスケジュールを組んではいけない国なのだ。幸いなことにお客様からのクレームはなかった。純粋にカナダのすべてを楽しんでいただけたと信じている。

# 旅をしよう　本を読もう<br>人に会おう

カナダ・トロントでの出来事だ。人種のモザイク、カナダにはさまざまな国からの移民がいる。たまたま乗ったリムジンタクシーのドライバーがイラク人だった。難民だという彼に私は何の気なしに声をかけた。

「お国（イラク）は大変なことになっているね」

中東の状況に同情しただけだが、彼から意外な答えが返ってきた。

「確かにイラクでは戦闘員だけでなく、多くの女性や子供も命を落としている。でも、日本はどうだ。年間3万人が自殺するらしいじゃないか。自殺も社会的な殺人ではないのか。イラク人は自殺なんてしない。イラクの戦争で1年間に命を落とす人数より、日本で1年間に自殺する人数のほうがはるかに多いぞ。イラクで年間3万人は死なない」

イラクで年間3万人は死なない。

私は言葉を失った。二の句が継げないとはこのことだ。

私の社会人のスタートは鉄道会社、首都圏のある駅での勤務だった。入社翌日、私が着任した駅で人身事故があった。鉄道会社に勤務していたのはわずか5年だが「日本はおかしい。この状況をどうして誰も何とも思わないのか」と心の中で叫ぶ日々だった。

あれから長い月日が経つが、根本的に日本は何も変わっていない。

学生と大人で自殺の原因は異なっているようだ。学生の自殺の引き金となるのは、リアルないじめ、ネットでのいじめ、他者からの孤立、経済的問題、受験の失敗、就活の失敗という順だそうだ。これらは不可抗力であるはずがなく、大人の努力で防げるはずだ。

大人が自殺する原因は病気など健康問題（精神疾患が多い）、事業不振、倒産、リストラなど経済状況の悪化、家庭問題、職場の人間関係の順である。日本という国の不寛容さ、日本人固有の真面目さが裏目に出ているとしかいいようがない。

今日も天気予報と同じくらいの軽さで、電車が止まったお知らせが流れてくる。カナダへ行き、ツアー会社に勤め、自分で会社を興し、無我夢中の毎日だったが、鉄道会社時代の原体験を忘れたことなど、1日もない。人が今日、生きることが許されない圧をかける日常。電車が止まっても、それを迷惑としか思わない乗客。30分後には、何事もなかったかのように電車は動き出す。おかしくないか。日本にいると、このストレスフルな状況が当たり前で、心も体もマヒしてしまうので、思考を停止させるのがいちばん楽な生き方なのはわかる。この国では考えれば考えるほど、いろいろと面倒臭い。思考のスイッチを切るのが楽なのだ。皆、自分と家族を守るので精いっぱい。人のことを考える余裕などないのかも知れない。

とはいえ、いつかどこかのタイミングで、もっとリラックスして、笑顔や元気をベースにした人生が送れるように、一人ひとりが「考え方」を変えるべきなのだ。誰かが私たちを幸せにしてくれるわけじゃない。自分の人生は自分で切り開く。困っている人を見て見ぬ振りしない。それが、私たちがコロナから学ぶことなのではないだろうか。社会を変える前に、まずは自分の考え方を変える。政治では日本は変わらない。業界団体も変わらない、変えられない。行政も自らがリーダーシップを取るのは難しい。利害調整を必要とする団体も動けない。

私に何ができるのだろうと、いつも考えている。特効薬ではないが、私が社会に呼びかけることができるのは、「旅をしよう。本を読もう、人に会おう」だ。コロナ禍で不要不急とされ、社会から排除されようとしているこの3つの行いが、人の心を救うと信じている。

心が疲れたとき、人間関係がうまくいかないとき、私たちは視野が狭くなっている。広い視点で物事を考えることができなくなっている人に不寛容な社会が圧力をかけてくる。いじめやパワハラ、ネットでの誹謗中傷などがそれだ。追い詰められた人には「気にする必要はないよ」と声をかけても届かない。

旅をする気力が残っていないこともあるし、人と会うのに疲れちゃったと引きこもりたい人もいるだろう。それでも服を着替えていつもとは違う風景を見に、外へ出てみてほしい。

病院へ行くハードルは高くても、電車に乗って海や緑を見に行くだけで少しは邪気がなくなるはずだ。心が疲れている人は呼吸が浅くなっている。思い切り深呼吸ができる旅を、日帰りでもいいからしてほしい。


読書をおすすめする理由は2つある。1つは著者の人生や思考を知ることで、広い視野を持つことが可能になる。自分自身が体験できることには限りがあるが、例えば自衛隊出身の人が書いた抱腹絶倒の裏話や、船乗りの人が書いたエッセイなど、彼らの人生の疑似体験ができるのだから、読まない手はない。学生の頃、北杜夫のどくとるマンボウシリーズを貪るように読んだ。田舎の青年がどれだけのものを文庫本から吸収できたかと思うと、読書ほどコストパフォーマンスのよい自己投資はないと断言できる。

読書をおすすめする2つめの理由。本を読んでいるときは読書に集中しているので、他の余計なことを考えずに済むことだ。私たちは朝から晩までいろいろと考え事をしている。晩御飯のおかずを考えたり、コンビニや郵便局での支払いがあったり、病院の予約を取ったり結構忙しい。それでも本を開いて読み始めた瞬間から、不思議と他のことを考えなくなる。読書に集中することには、座禅や瞑想に近い効果があるかも知れないと、個人的には思う。

心が疲れているとき、人に会うのはきついかも知れない。人に会うのが嫌になった時ほど、利害関係のない人と触れ合ってほしいと願う。事情を知っている人に無遠慮にアドバイスされたり、頑張れと励まされたりするのが嫌で人嫌いになることは多い。

旅先で出会った知らない人と交わす何気ない会話に、心が癒されることもある。近しい人から離れて、一人旅をすることで旅先での出会いは生まれるのだ。

旅、本、人。

旅先で温かな気持ちになれば、今の悩みの半分くらいは消えてなくなると信じている。

息苦しくなって、呼吸が浅くなっていると感じたら、駅へ行こう。空港へ行こう。

# 耳が聴こえなくなったのはいつからですか

聴覚に障害がある京都在住の女性から、こんなメールが届いた。

友人と3人で台湾旅行を計画した
今回はできるだけ費用を抑えたいので大手の格安パックツアーを利用
本人は聴力に障害があるが同行の友人二人は健聴者

3人でパックツアーに申し込んだところ、主催旅行会社から障害について根掘り葉掘り聞かれたとのことだった。

旅行会社は「航空会社が情報を要求するから仕方がない」というスタンス。それでもあまりに細かいことを聞かれ、そもそも「なぜ、その質問をされるのか」がわからず、説明を求めても「航空会社が」と逃げられてしまい判然としない。

障害があるとツアーに参加する際、このように「尋問」みたいに聞かれるのは普通のことなのでしょうか？　なんだか旅行に行く前からブルーな気分で落ち込んでいます。

とメールは結ばれていた。

旅に配慮を必要とする方が参加する場合、安全管理の面からヒアリングが必要なことはある。命に関わるようなリスクをお客様に負わせる訳にはいかないし、ツアーの場合、同行する不特定多数の他の参加者への負担を考慮したり、添乗員やツアーガイドに大きな負荷がかかって旅程管理ができなくなることがあってはいけないからだ。

私が大手旅行代理店に勤務していた時、あるパッケージツアーに障害者の方がご夫婦で参加された。事前に主催会社に伝えていたのか、突然集合場所に現れたかは記憶にないが、その方は交通事故か何かで怪我をされて、車イスを使っての参加だった。歩行はできないので階段の段差はNGだ。

普通のツアーだから他の参加者もいるし添乗員もいる。バスはごく普通の観光バスだ。海外ではバスドライバーは労務管理の面、訴訟リスクなどから、乗客の体に触ることが認められていないことが多い。障害者だからといって手を貸して、万が一怪我をさせたら多額の賠償責任が生じるのだ。

ツアーの添乗員は女性だったので人的サポートは難しく、たまたま同行していたハネムーンカップルの男性が、ツアー中、バスの乗降を「おんぶ」して手伝ってくれたそうだ。ツアーはなんとか無事に終わったが、帰国してすぐに本社にクレームが入った。

「障害者が参加していると知っていたら、このツアーには申し込まなかった。騙された気分だ。旅行代金の返金を求める」とクレームをあげたのは、「おんぶ」を何十回とサポートしてくれた男性だった。

もう時効だから話すが、この時、確か主催会社は旅行代金の一部をお詫び金として返したと記憶している。そして主催会社はこの後、障害者の引き受けにとてもナーバスになってしまった。

主催側の視点で考えれば、引き受けたくないリスクだし、障害者にも旅をする権利はあるが、立位が取れず、階段の上り下りができない人が、一般のパッケージツアーに参加するのは、かなり無理がある。添乗員も30人からの命を預かりながら、特定の人の介助ができるはずもない。

こうやって、障害がある人の旅の選択肢がどんどん狭まっていくのだ。

被害は障害がある当事者の方にも及ぶ。

痛い目にあった経験のある大手旅行会社は、障害がある方が無申告で突然空港に現れるのを防ぐため、「ハートフルシート」とか「お伺いシート」などと優しげなタイトルをつけた、障害の状況を根掘り葉掘り尋問する（聞き取る）シートを作っている。企業防衛の一環だ。サービスやおもてなしの観点からではなく、リスクマネジメントの範疇として、聞き取りを行うことになっている。

基本的に団体型ツアーは健常者向けにできており、障害があるからといって、特別な配慮が難しいので、主催会社もナーバスになっているのだが、不特定多数の人に販売するツアーの場合、これは止むを得ないことだ。

添乗員同行ツアーは、他の参加者もいるので、旅行会社の善意だけではどうにもならない事態が現地で起きることもある。

それは1万歩譲ってやむを得ないのだが、この聞き取りがやたらと細かく、ものすごいボリュームで、かつ、いかにも「尋問」風なのだ。


お巡りさんから突然職務質問されたら、あまり気持ちのよいものではない。以前、夜道で自転車を押して歩いていたら、いきなり職務質問をされたことがあるが、「オレ、悪いことしてないけど逮捕されるの？」と、高校生の頃の喫煙がバレたかのようにやたら焦るのだ。悪いことはしていないのに。

旅行会社の尋問（聞き取り）も、つまるところ「参加拒否」「搭乗拒否」を宣告されるのではないかと、障害がある人は恐れをなすのだ。

尋問が長く、詳しく、プライバシーの侵害ではないかと思うほどに詳細な聞き取りを受けると不安にもなる。もちろん、断られることも多々ある。

実際、旅行会社側が重箱のすみを突いて問題をほじくり出し、「あ、やっぱり参加は無理ですね」と断る気マンマンだったりもする。触らぬ神にたたりなし。断れるなら、断ってしまえと上司が助言することもある。


サラリーマン時代に障害者の方のツアーへの参加を上司に打診したところ、「万が一、障害者の人に怪我でもさせたら、誰が責任取るんだ！」と気色ばんで怒られたことがある。血気盛んだった私は「責任？　何かあったら責任取るのがあなたの仕事でしょ、役職ついているんだから」などといい返して大げんかになったこともある。結局は断らざるを得なかったケースも多々あり、大組織の硬直性や事なかれ主義に辟易した記憶が、今、蘇る。


根掘り葉掘りの話に戻る。

聴覚に障害がある方が今回、何が悲しかったかというと、質問の中に、

「耳が聴こえなくなったのはいつからですか？」

という、およそ航空機への搭乗や主催旅行への参加とは関係のない質問をされたことだった。この質問、本当にセンスがない。

欧米なら人権侵害で訴えられる質問だ。いつ、聴力を失ったかということと、航空機への安全な搭乗や主催旅行への参加の可否判断に関連性を見つけることが、私にはできない。

同伴するご友人はあまりの不快感から、そのあたりのことを相当に突っ込んだようだが、主催会社には適当にはぐらかされてしまったそうだ。

結局、同伴者がいるから問題なし、となったようだが（そんなことは申込時点でわかっているはず）そんなこんなで、何かもやもやしてブルーになり、旅行に行く気分ではなくなったと、私にメールしてきたのだった。

厳しいことをいうようだが、旅を生業とする大手旅行会社が、仮にも旅に出たいと相談してきた人に対して、気分を害し、旅を楽しめる気持ちではなくなったといわせてしまうのは、プロとして失格ではないか。それは障害者に対するヒアリングだから仕方ないで済ませてはいけない。

欧米では考えられない状況だが、旅行会社だけが悪いのでもないのだ。

信じられないかも知れないが「ツアーの中に障害者がいて、楽しめなかった」と、旅行代金の全額返金を要求してきた参加者がいる。

不特定多数の混載型ツアーでは、日本特有のさまざまな事情から、障害者の受入には消極的であるのは仕方のないことだし、これからも劇的に改善するとは、私には思えない。

とはいえ、この状況を放置していてよいのだろうか。旅行会社がお客様から旅のお申し込みをいただき、出発前に意気消沈させて、ブルーにしてどうするのだ。

マニュアルにどう書かれていようと、航空会社が何といおうと、

「台湾は味覚の国ですから、聞こえなくても大丈夫。味覚、匂い、漢字だらけの愉快な看板。台湾、最高ですよ！」

くらいのことを、プロならいってほしかった。


円滑な旅程の管理をするにあたって、必要な情報を収集することは大切だ。でも、お客様を意気消沈させては、やはり旅を生業とするプロとはいえない。

障害者の旅は、受付側もナーバスになりがちだが、受ける側の慣れの問題みたいなところもあるのは事実だ。全国の旅行会社が、障害がある方の旅をじゃんじゃん受けて受けて、受けまくって、「障害がある？　それがどうかされましたか？」といえるようになってほしい。いつまで昭和のやり方を引きずっているのか。

専門知識が必要なのではない。「受ける気持ち」があるか、ないかだけだ。障害者の旅行が、「普通のこと」になる日が遠からずくることを願って、私は今日も旅をする。

聴覚に障害がある？

車イスを使っている？

視力に障害がある？

「それがどうかしましたか？」

旅に出たい気持ちは誰もが持っている、当たり前の気持ちだ。

年齢や障害の有無で機会が奪われる社会は、やはりよくない。

こんなことを書くとまた嫌われてしまうが、障害者の旅の機会を広げていくには、障害がある当事者側の意識改革も必要になってくる。

遠慮や感謝をベースに旅をするのでは疲れてしまう。健常者には求めないことを、障害者に求めるのは違う。とはいえ、配慮やリクエストは通らないこともある。障害者手帳は水戸黄門の印籠ではないのだ。変えるべきは接客態度やおもてなしの心ではなく、社会のシステムなんだよなあ、と今日もモヤモヤは晴れない。

障害者を受け入れるための研修やセミナーは最近増えているようだ。検定のようなものもある。私は逆張りで、障害者の人が旅に出るための研修やマナーを当事者の人に発信したいと考えている。旅慣れていないことがトラブルの原因だとすれば、障害者が旅をする際のコツとヒントみたいなものは体系化できると信じている。

上から目線で恐縮だが、障害者も「旅人1級」のような達人を目指してほしい。それは決して「車イスで100カ国を回りました」みたいな達人ではなく、空港や駅の係員の人と平和に笑顔で接することができる達人のことだ。

障害者が旅をすることで、関係する人たちすべてを笑顔で幸せにしたいのだ。自分だけがよければいいと、そんな考えでは敵を増やすばかりである。

道のりは遠いが、それでもまた今日も旅をする。

# 飛行機で靴下を脱ぐ1億円オヤジ

だいぶ前に「ファーストクラスに乗る人は皆、ビジネスエリート」みたいなタイトルの本を読んだ。装丁も美しく、著者のお写真も美しく、要するに成功者の真似をしなさいという「王道本」だった。想像はしていたが、ファーストクラスに乗るような人は総資産1億円以上の成功者ばかりなんだと教えてもらえた本だった。読んだからにはファーストクラスなるものを体験してみたい。しかし、国際線のファーストクラスなど夢のまた夢。

ところがJALの国内線には、私でも頑張れば追加代金で乗れるファーストクラスが誕生していた。それならと札幌に出張した際、清水の舞台から5回ほど飛び降りんばかりの勢いでファーストクラスに乗ってみたのだった。これが成功者の空間か。座席は12席ほど。

ファーストクラスだから経験豊かなベテランCAの方が接客にあたるらしい。上着を預かってくれ、読む新聞を聞いてくれた。もちろんスポニチ！　などとはいわず、見栄を張って日本経済新聞だ。実は今朝もう読んだけれど。

昼間だというのにシャンパンまですすめてくる。

これがファーストクラスのサービスか！

落ち着かないことこの上ないが、「ファーストクラスに乗る人はビジネスエリート」の著者がいわれる「総資産1億円以上」の人たちとは、いったいどんな人かと周りを見ると通路を挟んだ反対側の中年男性が眼を疑う行為をしていた。いきなり皮靴を脱いで、あろうことかさらに五本指靴下を脱いだのだった。臭い。黒光りのする靴下を慣れた手つきで丸めてカバンにツッコミ（うぅカバンも臭そう）、素足を前のポケット（機内誌が入れてあるところ）に大きく投げ出したのだった。

おまけに足を組んでいるので汚い足の裏がこちらを向いている。この1億円オヤジ、みた感じが下品という訳ではない。どこかの大企業の役員と思われる風情。とはいえ、汚い足の裏がこちらに向いている空間は不快そのもの。

この男性は通路側に座っていたが、奥の窓側には女性が1人で座っており、汚い足で行く手を阻まれている。かわいそうに。途中、トイレに行くときには投げ出したままの足を跨いでいた。

1億円オヤジは女性がトイレに行くとわかっていても、座席ポケットに投げ出した足をどけもしない。ベテランCAはもちろん注意するでもなく親しげに話していたから、上級会員なのだろう。その丸まった臭そうな黒い靴下と、足の裏がこちらを向いていた時点で食欲を喪失してしまった。せっかくの機内食の味は、覚えていない。

確かに私は背伸びしてファーストクラスに紛れこんだだけのサイレントマジョリティではある。航空会社にとっては常連の1億円オヤジはビジネスエリートであり、足の裏を見せようが少々臭かろうが、それでよいのだ。注意しないのだから航空会社にとっては許容範囲なのだろうか。

他の1億円ビジネスエリートはいかがか。私の左隣にも男性が座っている。よくいえばスキーか何かで日焼けした、悪くいえば日サロで汚く焼いた中年ロンゲ男性。乗った時から不機嫌そのもの。とにかく機嫌が悪い。

CAさん「お客さま、新聞などはなにか」

ロン毛「トースポ」

CAさん「お客さま、お飲み物をお持ちいたしましょうか」

ロン毛「コーヒー」

不機嫌の極みである。

飛行機に乗るたびに思うのだが、どうして日本人中高年男性(の多く)はこんなに〝偉そう〟なのか。年収が何億円か、どれだけあなたが偉いかは知らないが、客室乗務員さんに「トースポ」「コーヒー」はないだろう。奥様にもあんな口のきき方をするのだろうか、ビジネスエリートは。せめて「トースポ・プリーズ」くらいはいってほしい、人生の先輩として。同じ男として情けない。

私は男が不必要に威張り散らしていることを不快に思うし、辟易する。もっとデリカシーを持ってほしい。もっとスマートでいてほしい。

ファーストクラスの追加代金は、臭い靴下と日サロ・ロン毛のおっさんに挟まれた、忘れることのできない時間だった。航空会社の現場は本当に大変だ。客質の低下は目を覆うばかりだ。いつもこんなではないのだろうがCAは「私はアナタの奥さんじゃありませんから」と思っていることだろう。いや、奥さんはすでに相手にしないから、外でやるのだろうけど。

「じゃあ、あなたならどうする？」と問われそうなので私の考えを述べてみる。このようなケースでありがちなのは「注意するべきか」「見過ごすべきか」の二極論だ。ましておもてなしや誠心誠意ということばに隠されている、小手先の対症療法では問題の本質には到達できない。大切なのは何のために、誰のために行動を起こすのか、または起こさないのかだ。

まず、守られるべきは周囲の乗客の安心快適の確保であろう。注意することで、靴下を脱いで異臭を放っているおじさん本人が気分を害するのではないか、と頭をよぎってしまいがちだが、優先順位を間違えてはいけない。この場合、優先して守られるべきはおじさんではない。たとえ大企業の役員であろうが、国会議員であろうがダメだ。問題の本質はそこではない。

とはいえ、小学生が注意されるがごとく、おじさんの態度を指摘してしまうと逆ギレは必至だ。責任者を出せだの役員にいいつけるだの面倒臭そうだ。自尊心を傷つけられたおじさんほど厄介なものはない。

私なら裸の王様論法で対応する。

そもそもこのおじさんはなぜ、上質であるべき機内空間で見苦しい態度を取るのか。その心理状態を考えてみる。正解などないから勝手にストーリーを立ててよいのだ。

おじさんは幸せではないのだろう。精神的に満たされている人はこのような態度は取らない。組織内でそれなりに出世し、収入もあり名声も得た。それでも幸せを感じられない。仮面夫婦なのか家庭内別居なのか。精神的な豊かさのある人は、外で見知らぬ人に失礼な態度を取ったりはしない。周りを見下す傾向にある人は肩書きこそあれ、裸の王様だ。孤独なのだ。誰も裸であることを指摘してくれない。かわいそうに。

支配者は組織の上位にいることが多い。階層組織に敏感な人は自分より上位にいる人には徹底的に媚びるが、階層が下だと思えば大きな態度を取る。長年染み付いた無意識の習慣だ。このおじさんも役員会の場で靴下は脱がないだろう。相手によって態度を変えるのは残念な人の典型的な特徴だ。

そのようなストーリーを勝手に描いて、この人は満たされていないかわいそうな中年男性なんだとの前提を作る。心の中でそう思うだけでも心理的に優位に立てるから、ぜひやってみてほしい。

次に考えるべきは誰のためにアクションを起こすのかだ。もっとも優先されるべきは周囲の乗客だ。明らかに不快感を覚えている周囲の乗客に「我が社はこのような状態を放置しませんからね」とのアピールが必要だ。今、日本のサービスの現場に欠けているのはこの視点。厄介な人に振り回されている間、多くのまともな人を不快にさせてしまう。最悪だ。

私がCAさんの立場ならスリッパを持って駆け寄り「お客様、足元が冷えてしまいます。どうぞスリッパをお履きください。」と少し大げさにリアクションしてみる。「いや、いらない」と返されたら「それでは毛布をおかけさせていただきますね」と満面の笑みを浮かべながら、半ば強制的に毛布を足にかける。毛布は臭くなりそうで嫌だけど。

それでも毛布を払いのけられたら……。心配ご無用。見苦しい足を隠すことが最終ゴールではないのだ。精神論が大好きな接客接遇のプロもそこを間違える。話を聞く意思がない人には何をいっても無駄だ。接客する側も意固地になって臭い足を出したままの本人を何とか説教したくなるが、グッとこらえてほしい。無駄な言い争いをしなくても、CAさんはやるべきことをやった。聞く耳を持たないおじさんは痛いやつだなあ、CAさん大変だなあと周囲に伝わればよい。本人はバツが悪いから不機嫌になるだろうが、次からは乗ってもらわなくてけっこう。どうぞ他社の翼でよいご旅行をと心の中で思ってほしい。

「俺は乗客だぞ、わかってんだろ」と尊大な態度を取る顧客に媚びへつらうのはもうやめたほうがいい。顧客もサービス品質の一部なのだ。CAさんが最高のサービスを提供したとしても、迷惑客の1人を放置することで、すべてが台無しになるようなあり方は見直すべき時にきている。

万が一、本社やお客様相談室にクレームが上がったら担当者は全力で現場を守ってあげてほしい。現場では正解のないトラブルが日々起きている。現場では最善の対応をしても顧客の側が恥をかかされたと感じて一方的なクレームをあげてくるケースは少なくない。担当者を厳重に注意し指導しますというような玉虫色の解決策を顧客に提示してしまうと、現場は正直やっていられない。真面目に仕事に取り組む人ほど心が折れてしまい、大切な人材を休職、退職へと追い込むことにもなりかねない。時代は変わったのだ。

自意識過剰な大企業役員、国会議員ばかりではない。実るほどこうべを垂れる稲穂かなを地で行く立派な人も大勢いる。ルールやマナーを守れない痛い人たちに接した時は、心の中で「こんな人間にだけはなるまい」と、反面教師現るくらいの気持ちで邪気に巻き込まれないようにしよう。

私自身も鉄道現場で働いていた頃、この手の厄介な人たちに振り回された。車内で土足のまま座席に足を投げ出す人。禁煙車両での喫煙。喧嘩に無賃乗車。当時は若かったので正論を振りかざして論破していた。裸の王様に正論を投げかけるのは時間の無駄であり、火に油を注ぐだけだと気づくのには時間がかかった。

ＡＩが進化した今、周囲の乗客に危害を加えたり不快な態度を取る人は飛行機や電車に乗れなくなるような顔認証システムが開発されれば、公共交通機関の安全や安心快適が確保され、何より現場で働く人のストレスが大きく軽減されるはずだ。日本ではなぜか加害側が守られる傾向にあるが、少子高齢化で働く人が減少していく中で、現場で働く人の心身を守る社会システムができることを願うばかりだ。

経済的に豊かな人が、必ずしも心が豊かと限らない事例は現場でたくさん見てきた。庶民の中にも礼を尽くす心根の優しい人は大勢いる。旅の作法と可処分所得に相関関係はないと信じている。

元CAの方から、「高萩さんね、国内線のファーストクラスと国際線のファーストクラスは乗客の質がまったく違うのですよ」と諭された。3回くらい転生したら国際線ファーストクラスなる場所に潜入し、乗客は5本指ソックスを脱いで裸足にならないか、確認してまた報告するので楽しみにしていてほしい。

# JR来宮駅の車イス乗車拒否問題

Twitterでコメントしたら思いがけずバズってしまった。

JR来宮（きのみや）駅の電動車イス利用者への乗車拒否の問題である。

賛否両論渦巻いており、通知が止まらない日々を過ごすことになった。

人権擁護派、弱者擁護派の方から、想像を絶する誹謗中傷や攻撃があり辟易した。

伝えたいことが、伝わらないもどかしさ。きっと騒動の当事者であるご本人も歯がゆいことだろう。「どうして、わかってくれないの！」と。

私は誰よりも、人権擁護派、弱者擁護派だと自覚しているのだが、私の考え方が障害者を切り捨てる側で、JR東日本の肩を持っていたように映っていたようだ。140文字の限界なのかも知れないし、文章力のなさかも知れない。

誰かを仮想敵にして団結を図る手法は好きではなく、社会の分断化は誰も得をしない。

今回の件で騒動を起こした当事者の主張、

「障害者の人権問題＝電車に事前連絡しないと乗れないのはおかしい」

「障害者に感謝を強要する社会はおかしい」

120パーセント、いや1万パーセント同意する。主張は1ミリも間違っていない。正論だし、正義だ。

理想の社会を作りたいとの想いには諸手を挙げて賛同する。


私がいいたかったのは、彼女が使った手法が時代遅れで「副作用が大きすぎるために、望む理想への到達が遅れてしまうのではないか」との危惧だ。

もちろん本人は「大きなお世話だ、これが私のやり方だ」と反論されるだろうし、人権擁護派の方もそこは同じ意見だろう。彼女や支援者の方が今後、引き続き「実力行使に出る」ことを否定するものではない。私は違う意見を持つけれど、彼女のやり方が社会を変革する近道なのかも知れない。私はそういう手法を取ったことがないので、効果について批評する立場にはない。

私が社会に伝えたいことのひとつは、望むゴールは彼女も私も同じだということ。無人駅が日本からなくなれば、鉄道好きの私としては「理想の桃源郷」がやってくる。昭和50年代の頃の鉄道王国復活を夢見ている私としては、台湾のように「人間くさい鉄道」を日本に復活させたい。今の鉄道業界隈は無機質で人を減らしすぎだ。どう考えても。

乗客はもちろん、働いている人にとっても、息苦しい鉄道になっているのは間違いない。この現状は両者にとって、本意ではないはずだ。現場の人員が減りすぎて、障害者だけではなく、一般の乗客にも多大な不便をかけているのは間違いない。現場の良識ある社員は「お客様に申し訳ない」と感じているはずだ。

少子化で働く人が減り、現場にしわ寄せがいくのは当然のことだ。

今こそ、「社会のバリアフリー化の推進」「助け合い社会」「障害者の人権が守られる社会」を作りたい。

私はそう願って20年間、障害者の旅行サポートを手がけてきた。

だからこそ、今回の騒動でさらに強化されるであろう副作用を懸念し、悲しくなるのだ。

私が個人的に批判、攻撃に晒されるのは仕方のないことだ。自分の主張を世に問うとは、批判や攻撃も受け入れるということだから。

全国的にほぼ無名の私ですら、これだけ攻撃対象になるのだから、著名人のストレスたるや想像を絶する。自殺してしまった女子プロレスラーの方も、どれだけ辛かったか。私に対する、1日数十件の誹謗中傷攻撃なんて、かわいいものだろう。命を落としてしまった人の悲劇に比べたら。

今日も明日もSNSで発信を続ける限り、私への誹謗中傷はなくならないだろう。

20年前に会社を創業した頃は毎日そんな感じで、障害者団体や武闘派の障害者個人から恫喝攻撃されたことを、懐かしく思い出している。あの頃は本当に凄かった。障害者という人たちはなぜ、これほどまでに攻撃的なのかと不思議で仕方なかった。あんな人たちに絡まれたら、誰もまともに障害者の旅の裾野を広げようなどとは思わないだろう。当社の社員もよく耐えてくれたと思う。

電動車イス無人駅下車騒動の副作用について、私なりの考えをここで改めて述べておく。社会全体が「障害者アレルギー」を持ってしまうことを危惧するからだ。

この騒動で「やっぱり障害者をお客様として受け入れるのはリスクが高すぎるからやめておこう」と考える旅館、ホテル経営者の方や、旅行代理店の方が確実に増える。現に私のところへも相談がたくさん届いている。

20年以上前に「障害者専門の旅行会社を立ち上げる」と周囲の人に話したら、ほぼ全員が「やめとけ」と忠告してきた。「障害者なんてクレーマーばかりだろ」「サンドバッグみたいに叩かれて終わりだぞ」と真顔で何人もの人にいわれた。

実際はそんなこと「ばかり」ではなかった。障害者にも健常者にも等しく変な人はいるので「障害者だから」クレーマーというのはおかしな話だが、人はラベリングをしたがる習性がある。

仮に100人の健常者が大声で怒鳴っても、その人の人格を評価するだけだが、1人の障害者が大声を出すと「これだから障害者は」といわれてしまうのが日本の社会なのだ。良い悪いではなく、それが現実だ。

そして、そもそも論として、「障害者」「人権」という話にはアンタッチャブルな臭いが付きまとう。多くは「危ない橋を渡らない」「触らぬ神に……」となるが、これは仕方のないことだ。普通に考えたらそうなるだろう。社会のバリアフリー化など進むはずがない。触りたくないのだから。決して喜ばしいことではないし、偏見を持ってはいけないのだが、そこから目を逸らしては、「社会のバリアフリー化」は進まない。

創業時のベルテンポの理念は、「誰もが気軽に旅に出られる社会環境を創る」だ。これは今も変わっていない。一連の騒動でさらに「障害者アレルギー」の方が増えるのは、とても悲しいことだ。

# 介護ベッドが設置されたホテルを探しています

仕事柄、さまざまな相談を受ける。

サービスに関すること、クレームに関すること、そしてバリアフリー界隈の話。

先日、あるお医者さんを通じてご紹介いただいた方から質問があった。この方も医療関係にお勤めだった。「介護ベッドが設置されたホテルを探していますがご存知ないですか」とのこと。横浜みなとみらいの（できれば）高級ホテルで、夜景が部屋から眺められるホテルで、介護ベッドが設置されているところはないかとの趣旨だった。

結論からいってしまうと、「ない」。

みなとみらいの、どの高級ホテルも（積極的に売る気はないと思うが）１部屋くらいはバリアフリー対応の部屋を持っているはずだ。

隠し持っているバリアフリールームの情報をホームページなどに詳細に載せている高級ホテルは、ほぼ皆無なのが現状だ。売りたくない気持ちがひしひしと伝わってくる。トラブルになるくらいなら、空室のままでいい。情報が公開されていないから、ほとんどのホテルに電話で問い合わせないといけない。

ネットだＳＮＳだ、ＩＴだＡＩだという時代に「電話」でしか情報が得られないのだ。電話すると、慇懃無礼に、想像を裏切らない程度にしっかりと腰が引けているのがわかる。「ああ、できれば受けたくないのだな」という雰囲気が伝わってくる。

そして、これらのバリアフリールームは必ず、低層階の「眺めの悪い側」に配置されている。駐車場や排気ダクトをみながら高級ホテルに高いお金を出して泊まったことも、１度や２度じゃない。

沖縄のオーシャンビューを謳う、あるリゾートホテルのバリアフリールームに泊まったことがあるが、「裏部屋?」と思わざるを得ないほど、部屋からの景色はなく、陽も当たらず湿っぽい部屋でがっかりしたことを覚えている。

ましてや「介護ベッド」を備え付けている部屋を持つホテルや旅館は全国的にも稀有な存在なのだ。「えー、高齢者社会なのにね」とよくいわれるが、ほとんどない。

やらない理由は痛いほどわかる。

障害者や病気の人を受けて怪我でもさせたら大変
そういう人ってクレーマーみたいな人が多い
手間ばかりかかって儲からない
そんなニーズ、たいしてないでしょ
作っても予約が入らない

これは実際に宿泊施設の経営者から聞いた「本音」である。

もったいない。

本当にもったいない。

チャンスロスだとしか思えない。

宿泊施設の経営者に、介護ベッドを設置した部屋を作る勇気は、おそらくないだろう。いろいろな意味で。

そこで私は介護ベッドがどうしても必要だという相談者に対しては、デラックスルームなど「広めの部屋」に外からレンタルしてきた介護ベッドを搬入する交渉をするのだが、これがまたハードルが高い。99パーセント断られてしまう。

　壁に傷をつけられたら困る
　前後の宿泊客との兼ね合いがあり搬入搬出の時間が確保できない
　そんなこと、やったことがない

やらない理由を必死になって考えるのが得意な人にいいたいのだけど、私も商売人だから「売り上げが立つかどうか」が大事なんじゃないかと思う。壁を傷つけるリスクがあるなら養生するし、搬入のために部屋が前日売れないなら追加代金を払う。とにかく、断りたくてしょうがないオーラが伝わってくる。

「家族で旅行できるのは、おそらくこれが最後」という家族の夢を叶えるお手伝いをしなくて、何がおもてなしだ、何が一流ホテルだ、と思ってしまうのは私だけだろうか。こんなことをいうから業界関係者から嫌われるのはわかっている。でも、プロなら知恵を絞ろうよ。ましてや、コロナ禍で宿泊客がいなくて苦しいのでしょう。

今回の相談案件も親族一同、スイートルームに大勢で泊まると、お客様はいっている。手間かもしれないけれど、笑顔で全力で受ければ食事もしてもらって、数十万円の売り上げが立つと思うのだが、そういう発想にならないのが不思議で仕方ない。楽天やじゃらんから特別プランで申し込むなんていってない。定価で宿泊してくれるお客様なんて、今時、バッハ会長くらいだ。みなとみらいの高級ホテル、すべて断られたそうで、本当にもったいない。もったいないお化けが出てきそうだ。

今回は助言だけだったので、実際には医療のプロである「私に問い合わせ」をして来られた方が、ホテルに電話をした。

4軒に問い合わせて4軒とも断られたそうだ。慇懃無礼に門前払いされたとのこと。コロナ禍に、お客様を、それも単価の高いお客様を門前払いできるのがある意味すごい。

「高萩さん、それ、無理な注文だよ。ホテルの部屋に介護ベッド入れるなんて簡単な話じゃない」と忠告してくれる人もいる。それは、外野席からの思い込みなのだ。

京王プラザホテルで長く宿泊支配人を勤めた中村孝夫さんは笑いながら、私にいった。

「だって、ホテルを建設した時に最初からベッドが入っていたわけじゃない。オープン前にベッドを搬入しているのだから、動線は確保できるはずだよ。バックヤードの業務用エレベーターはベッドだって入る。それに介護ベッドって折りたためるよね」

東京・新宿にある京王プラザホテルはユニバーサルツーリズムを日本で初めて本格的に手がけたシティーホテルだ。私が創業の頃、介護ベッドのニーズがある旅行者を東京に招く仕事を引き受けた際、広めの部屋に介護ベッドを外から搬入することを認めてくれたばかりか、ベッドに横になった状態で夜景が見える角度にこだわり、搬入した介護ベッドの向きを微調整までしてくれた。そして、この介護ベッドが必要な宿泊客の様子を目の当たりにした中村支配人は、ベッドメーカーと共同でホテル用の介護ベッドを開発し、今では介護ベッドが標準装備の部屋を複数備えている。

要はやる気と情熱だ。

中村支配人とは創業の頃からバリアフリー旅行の推進で切磋琢磨してきた同志だが、支配人に教わった大切なことが2つある。

1つは「人的な手間をかけない仕組み」。障害者の人から予約が入った際やチェックインの際に、マニュアルが複雑だったり、手間がかかったりすると、スタッフは無意識に「面倒臭いな」と感じてしまう。だって人間だもの。だから、障害者だろうが健常者だろうが、スタッフが面倒臭くないサービスマニュアルを徹底して作ったという。

2つめは「採算性」だ。どんなによいことをしても、経営陣への稟議が通らないバリアフリーはダメだと。自分は手すり1本つける稟議書にも、事業計画書と採算が取れるまでの損益分岐点を明示すると。手すりをつけると、どれだけ売り上げが伸びるのかを数値化しなければいけないのだという。

断るための理由が、手間ばかりかかって儲からないのなら、ビジネスとしてペイするような事業計画を作ればいい。スタッフが嫌がる、クレームが怖いというなら、サービスマニュアルやサービスシステムをシンプルにすればいい。事前の情報公開と顧客視点でのサービスシステム構築をすれば、クレームはほぼ無くせる。これはベルテンポが実証済みだ。

東横インやアパホテルのような低価格帯のホテルに、無理なオーダーをしているわけじゃない。みなとみらいのような高級ホテルには広い部屋もあるし、そもそも、夜景が綺麗な部屋が自慢なのではないだろうか。「ビジネスチャンス！」と捉えれば、できないはずがない。本当にもったいない。

余命宣告をされた進行性の病気の方が、子供たちと一緒に旅をする最後のチャンスだったようだが、一流ホテルが門前払いしたことを、心から残念に思う。結局、旅行は諦めたようだ。

長年バリアフリーな旅を手がけていても、無念な想いをすることはたくさんある。いつになったら、日本は障害がある方や病気をされている方が、当たり前に旅ができる日がくるのだろうか。私が生きているうちは、無理なのか。

〈補足〉

ホテル関係者の方へ

ちなみに、このようなリクエストや質問を受けた際は、もしも受ける気が1パーセントでもあるなら、「私どもには実績がないのですが、これまで他のホテルで同じようなリクエストをして、宿泊されたことはありますか?」と聞けばよいのだ。

他でやったことがあれば、そのホテルに電話して「どういうアプローチで実施したか」を聞けばいい。なんならお客様に聞けばいい。今回の話は、「私どもはやったことがないのですが、手順を教えていただけますか?」と。

受ける気がないなら、「面倒臭いお客は本音ではお断りなんです」と紙に書いて張り出しておけばいい。「お近くでもお気軽にどうぞ」と書いてあるにも関わらず、近距離の行き先を告げたら思いっきり不機嫌になるタクシーと変わらない。

ホテルや旅館が大好きな「日本のおもてなし」と、門前払いは両立し得ないはずだ。

# ホームページには「ユーザーが知りたい情報」を載せてほしい

旅好きの方は、旅のプランを考えるのが大好きだ。
行く前からあれこれと、

どこに行こうか
どこに泊まろうか

どこを見ようか
何を食べようか

思案しながら、あれこれと悩む。

ところが車イスユーザーの方とバリアフリー旅行を計画するとき、

どこが行きやすそうか
どこなら泊まれそうか
どのお店なら入れるのか

これらをリサーチしないといけない。例えば、今、ある旅仲間から「年内にもう一度、旅したい！」と連絡があり、さてどこに行こうかとやりとりをしている。

私が出雲はいいよ、と連呼していたので「奥出雲おろち号」に車イスで乗れるかな？とリサーチしたものの、どうも古いタイプの車両で撃沈。

それじゃあ、四国？　いいですねー、土佐行っちゃう？

「四国まんなか千年ものがたり」ホームページには車イスマークがついているぞ！

それ以上の情報はなかったので電話してみた。

「どこかの席を予約してもらい、車イス席は当日空いていれば移れます……」

いや、移れなかったら困る。確約してもらうことは？

「この列車の車イス席は3名でないと発売できないのです。2名ではお売りできない。ちなみに4名もダメなんです。」

「四国まんなか」は諦めて飛行機で高知空港へひとっ飛びしようとなり、ホテルを探すことに。

高知のホテルでバリアフリールームがあるのはどこ？

頼りになる東横インは？　あれ、高知には東横インがない！　珍しい。

電話を掛けまくって、ようやく1軒、見つけた。

ホームページにはハートフルルームの記載がない。

特急「南風」は車イスで乗れるのか。「宇和海」ではデッキにいるしかないといわれたけれど。

こんな感じで延々とバリアフリー情報のリサーチをした結果、「今回は四国への旅はやめておこう」となったのだ。ジグゾーパズルがうまく組み合わさっていかない。

とはいえ、どこかに行きたい気持ちは抑えられないので、「御殿場のたから亭さんで美味しい中華を食べよう！」となった。御殿場のたから亭というチャイニーズダイニングは絶品だ。機会があれば足を運んでみてほしい。

出雲↓高知↓たから亭。

令和の時代になっても、バリアフリー旅行は企画段階から困難を極める。

ネットでなんでも情報が取れるといわれる今、さて、どうしたらよいのだろうか。

# 車内販売は物販ではなく「人から温かさ」を買っている

小田急電鉄がロマンスカーの車内販売をやめた。ＪＲ東日本、西日本も新幹線の車内販売をスリム化し、在来線の特急列車では車内販売を取りやめた。経済合理性の原則からいえば正しい経営判断なのだろう。売り上げで人件費すら賄えないようなビジネスは、いずれなくなるのだから止むを得ない。

一方で近畿日本鉄道では「しまかぜ」にビュッフェ車両が登場した。

全国に広がる観光列車では高級レストランのように食事を楽しむスタイルが定着し、

予約が取りにくい人気列車も多い。

高度経済成長の中では鉄道に速達性が求められ、かつ大量輸送を命題とする中で新幹線から食堂車や個室が消えていった。その流れの中で長期のデフレ、そしてコロナである。

数分おきに出発する新幹線が満席になり続けるバブルが再来するのか、私にはわからない。それでも時代の流れは速達性だけではなく、移動する時間空間そのものを快適に楽しみたいと考える人が増えてきているのではないかと感じることも多い。


えちごトキめき鉄道の鳥塚社長がローカル線は地域の風景の一部だと指摘している。同様に車内販売は新幹線や特急などの優等列車に置ける風景の一部だと考えるのは無謀なのだろうか。買う買わないではなく、列車での旅に花を添える風景の一部としての車内販売。そして食堂車からのアナウンス。

えちごトキめき鉄道は北陸新幹線開業のタイミングで生まれた第三セクター鉄道だ。沿線人口は少なく、住民は一家に1台どころか1人1台車を持つ、典型的な地方都市だ。鉄道の主要顧客は通学の学生と高齢者だ。それでも鳥塚社長が就任してからは手を替え品を替え、遠方から「わざわざ」電車を乗りに来てもらうためのサービスシステムを構築している。えちごトキめき鉄道の看板列車「雪月花（せつげっか）」には季節を変えて3回乗車した。私は足が不自由な障害者の方と旅をすることが多いので、地方のローカル鉄道のバリアフリーへの意識が決して高くはないことを身を以て経験している。ところが雪月花予約センターの担当者は、車イスユーザーであると伝えても、迷惑がるどころか、どのようにお迎えしたら楽しんでもらえるかを一緒に考え、必要な配慮を快く受け入れてくれた。

真っ赤な窓の大きな車体は、スイスの氷河特急を思わせるデザインだが、正直、氷河特急よりもグレードははるかに高い。氷河特急の食事は目玉が飛び出るほど高いが、決して美味しいとは言い難い。サービスも雑だ。世界中から観光客があふれんばかりにやってくるので、あの程度のサービスでも売り上げは確保できるのだろう。かたや新潟の地方ローカル鉄道だ。「もう一度来てもらう」ために知恵を絞らないと生き残れない必死さが伝わってくる。

車内での食事は期待を大きく上回る美味しさ。アテンダントのサービスもアットホームで心地よい。車内で飲んだり食べたりできることが、これほどまでに楽しいことだと、雪月花が思い出させてくれたのだ。直江津(なおえつ)駅ではすでにお腹がいっぱいなのにも関わらず、駅弁を買ってしまう。駅のホームに立ち売り弁当の名物おじさんがいるのだ。これも鳥塚社長にいわせると汽車旅における「風景の一部」だ。

ローカル線の存続が危ぶまれているとのニュースを最近、耳にすることが多くなった。そんなことは以前からわかっていたことで、昨日今日、急に危機を迎えたわけじゃない。誰も責任を取らない、誰も目の前の問題を解決しようとせず、ただ先送りして来た結果だ。

車内販売の復活にしても、食堂車の復活にしても、ノスタルジーだといわれてしまえばそれまでだが、「時代の流れだから仕方がない」と思考停止に陥ったまま斬って捨てるにはあまりにもったいない。

零細企業の経営者が偉そうにいうなと怒られそうだが、私が鉄道会社の経営者なら、自社の主幹サービスである優等列車をより魅力的にするには、どうサービスを磨き上げるかを考えるだろう。

鉄道は壮大な装置産業であるから空気を運んでいても1円にもならないし、空席のまま出発してしまった列車が売り上げをもたらすことはない。わざわざ選んでもらうための魅力について日夜考えるのは当然だし、車や飛行機ではなく鉄道を選んでもらうのは、現状のままでは至難の業だと言わざるを得ない。

乗ってくれないから赤字です、儲かりません。民間企業ですから廃線にしますでは、あまりに無為無策だと思えて仕方がない。

どの地方にも地域にダイヤモンドの原石のような魅力的な商材を生み出している個人や中小企業はたくさんある。コンビニでも販売している商品を「車内だから」という理由だけで割高に売るような商売が見向きもされないのは当然のことで、「車内でしか」買えないものを、情熱がある地元の人たちに工夫してもらって、車内で販売してもらえばよいだけだ。

それはたい焼きかもしれないし、おにぎりかもしれないし、一杯のコーヒーかも知れない。

キッチンカーの車内版である。

そして、鉄道会社は彼らを業者や下請けと考えずに、自社の魅力を高めてくれる共創チームメンバーだと考えて、地域の人たちをリスペクトしてほしい。

この手の商売が長続きしないのは、場所を貸す側が利益を過剰に吸い上げてしまい、魅力ある出店者が割に合わないと撤退してしまうケースがほとんどなのだ。力関係だけでみれば単なるテナントかも知れないが、鉄道の魅力は鉄道会社単体では出せないことは、現実世界で魅力的な列車がどんどんなくなって行くことからも明らかだろう。寝台特急「サンライズ」もあれだけ人気で乗車率が高くても、ただ走らせているだけなら、車体の更新時期に廃止の議論が出てくるだろう。ＪＲは分割民営化で横のネットワークが遮断されてしまった。「よし、俺が旗を振ってやろう」というリーダーは現れない。

相当な鉄道好きを自認する私ですら「わざわざ乗りに行きたい」と思える列車は数えるほどしかない。そして、それらの多くはいわゆる観光列車だ。ブルートレインや食堂車の復活を望むのは無理筋かも知れないが、令和の時代、大量輸送や速達性が求められていないことは明らかで、今こそ、鉄道ならではの魅力を考え、チャレンジしてほしい。

若い人にすべてを任せれば、案外簡単に実現しそうな気もする。

近未来にどれだけテクノロジーが発達しても、ロボットやＡＩでは提供できないもの、それは温かな場だ。

旅の途中や旅先で出会う人

旅先から書く手紙

旅の仲間

触れ合う人と人の温かさ

ここを意識すると「旅」が変わる。

ツアーや団体旅行が激減するのは遠くない未来の出来事だ。

若い人は団体旅行など好まない。

これからの新しい旅のスタイルは、到着空港や駅で待ってくれる人がいる旅。

旅先の饅頭屋さんやカフェや元気のよい居酒屋や、旅館の仲居さんと出会える旅。

電車の車内販売は物販なのではなく「人から温かさ」を買っているのだ。

そこを理解していないから議論が発展しない。

経済合理性だけで旅を考えてはいけない。

人は損得で旅をしているわけじゃない。

旅を作る側の人がそれをいちばんわかっていない。

本当にわかっていない。

ブルートレインの食堂車で、日本食堂や帝国ホテルの洋定食を、もう一度食べてみたい。

ロマンスカーの走る喫茶室で、森永のココアをまた飲んでみたい。


理屈じゃないんだ。


旅は感情を刺激するためにするものなのだから。

金勘定ばかりする旅は面白くない。

# 親切とラストワンマイル

タクシーはドア・ツー・ドアで便利な乗り物。長距離を歩けない&荷物が多いケースでは旅先でも重宝する。最近、タクシーはすっかりご無沙汰だ。その理由は単純明快、当たり外れが大きいから。駅の客待ちタクシーは順番に乗らないといけないので、ドライバーを選べない。もちろんドライバーも客を選べないのだが、まさにタクシーガチャ。ドライバー側から見れば乗客ガチャでもあるだろう。

自分の番になりタクシーに乗り込んで行き先を告げ、走り出した瞬間、ガチャに外れた時のショックは計り知れない。

ちなみに私の外れ基準は「タバコ臭い、運転が荒い、愛想が悪い」この3点だ。令和の時代にそれはないだろうという外れっぷり。この原稿を書いている先週も、京都のある駅ロータリーのタクシー乗り場でたまたま乗った個人タクシーは、久しぶりの大外れだった。飲食店の名前や住所をいっても「それじゃわからない、通りの名前は」と上から目線。観光客に通りの名前を聞かれてもわからないと答えると、「京都じゃ通りの名前がわからないとタクシーには乗れないよ」と不機嫌に叱られた。まだこんなタクシーの運転手がいるのかと驚いた。国際観光都市京都の恥さらしとしか思えないが、タクシーの当たり外れはこの街では多い。99のよい印象を持っても1の尊大で不快なタクシードライバーが旅を台無しにする。京都のタクシーは外れた時の衝撃が大きすぎる。クレームをあげたところで変わらないのが悔しいが、嫌な思いをした翌日から、ますますタクシーから足が遠のくのは仕方ない。不景気でお客が少ないいんじゃないのだ。自業自得なのだ。

宮崎と湯布院ではよいタクシードライバーと出会った。

宮崎駅前の乗り場で客待ちしていた個人タクシーのドライバーは恐らく1時間以上、ずっとお客を待っていて、乗せた私たちは近距離客。都内ならため息をつかれてもおかしくない。

ところが乗ってみたら、そんな事を微塵も感じさせない気さくなおじさんだった。結局、宮崎神宮にお参りする間も待機してもらい、ついでに宮崎神宮駅にも立ち寄ってもらった。時間が少し余ったので宮崎神宮駅に立ち寄りたいと伝えたら、「え、駅舎もない無人駅だよ。鳥居があるだけ」と笑う。地元の人が笑う駅はどんなものか、実際に行ってみたら、本当に駅舎も何もなく、鳥居とホームがあるだけの駅だった。側線に私たちがこれから乗る観光特急「36ぷらす3」が待機していたのはラッキーだった。

機嫌よく仕事をすれば、ワンメーターのはずが貸切になったりもするのだ。不機嫌なドライバーのタクシーなど1分でも乗っていたくはない。

湯布院はあまりの寒さに散策を諦め、滞在時間も限られていたので、観光案内所を通じて短時間の観光タクシーを依頼した。キリッと制服を着た若いドライバーは郷土愛を私たちに存分に降り注いでくれた。サービスの原点は「親切」と「愛」だなあと、改めて旅をする中で感じた。

私は仕事柄、タクシードライバーにも知り合いが多くいるので、彼らの苦労も知っている。質の低い客、態度が悪い客、泥酔客。大変だと思う。それでも二種免許を持ち、会社の看板を背負って仕事をしているのだから、プロらしく振る舞ってほしいと切に願う。特に女性や障害者はタクシーで嫌な思いをした経験がある人も多いだろう。

バリアフリー旅行における旅のネックはラストワンマイル。自宅から駅や空港まで、到着駅や空港からホテルまで、観光地までのわずか数キロの移動。これが旅の最大のネックなのだ。

駅や空港がバリアフリーになっても、免許を持たずレンタカーが借りられない人や、障害があるために通常の路線バスやタクシーが利用できない人はこの「わずか数キロ」が大きな障害になる。

そう、障害は人の側にあるのではなく、社会の側にあるのだ。旅は点でも線でもなく面で作られるものだと、受け入れ先の方には認識してほしいと願う。宮崎も湯布院も次はもっとゆっくりと、そして何度でも訪ねたい街だ。京都は、観光するタクシーを選んで再訪したい。うっかりひどいタクシーに捕まらないよう、気をつけながら。

# 情熱の不足

オリンピックが話題になると、パラリンピックに関してもニュースで取り上げられることが多くなる。とはいえ、一過性のネタなのかその時だけで終わってしまい、すぐに忘れ去られているようで残念だ。

ある日のニュースでは、「競技場に車イス対応観客席が少ない」という問題を提起していた。

日本では野球やサッカー、コンサートなどで、さすがに車イスであることを理由に入場を断られることはなくなったが、未だに「車イス席」「障害者席」という選択だ。入れてあげるよ、観てもいいよ、というレベルではあるが、障害者は基本的に席の種類は選べない。

昔のことだが、車イスを使う友人とコンサートに出かけたことがある。会場の最後方にある車イス席スペースの横にパイプ椅子を置いた状態で並んで一緒に座った。オープニングの瞬間から観客は総立ちになり、2時間、何も見えなかった。障害があると、年がら年中こんな思いをしながら暮らすことになる。

バリアフリーの講演会で、理解を深めてもらうためにカレー屋に例えて話をする。お客が健常者なら、野菜カレー、ヒレカツカレーなどすべてのメニューから選択できる。当たり前すぎて誰も疑問に思わない。ところが車イスユーザーが来店したら、

「あ、お客さまはこの『障害者カレー』しかオーダーできません」

といわれているのと一緒だということだ。選択肢が与えられていない。鉄道でよくあるケースとしては、指定席には車イス対応スペースがあるが自由席には設置がないことが多い。東海道新幹線の車イス座席も11号車の指定席のみで自由席には車イスのままいられるスペースはない。デッキにいるしかないのだ。

これはアメリカでは人権侵害とみなされる。人権侵害という言葉を使うと活動家と間違えられるが、私はただの市民だ。鉄道で指定席と自由席が選べないのは、私は大問題だと思うが改善される気配はない。

アメリカの野球場などではシートのランクごとに、それぞれ車イス席があるのはもちろんのこと、座席数に関する法律の規定がある。

ドジャーススタジアムではすべてのカテゴリーに車イス席があり、座席数は全部で1000席を超えている。100席ではなく、車イス対応席が1000席あるのだ。

ちなみにハワイのある高級リゾートホテルでは、全客室2000室の中の80室以上がバリアフリールームだ。部屋のすべてのカテゴリーにバリアフリールームの設置が義務付けられているからだ。アメリカで細かな基準が法律で決められているのは、機会均等は「人権」であると考えられているからである。人権という言葉は好きではないが、機会均等は当然のことだ。障害者だから機会が奪われていいはずはない。

では、日本ではどうして車イス（に限らず障害があるマイノリティの人）が、健常者はこちら、障害者はあちらと区別されてしまうのか。

　障害への無理解？

　法整備の遅れ？

　教育の問題？

いや、恐らくは単純に「情熱の不足」なのだ。それに尽きる。

この「情熱の不足」が強く印象に残っている話がある。

ある航空業界の研究会で、「なぜ、車イスユーザーは自分自身の車イスのまま機内で過ごすことができないのか」が話題になった。ちなみに現状では世界のどの航空会社でも、車イスユーザーは自分が所有する車イスは荷物として預け、機内では座席に移乗することになっている。

日本の研究会メンバーは車イスのまま機内で過ごせない理由を「技術的な問題」「安全上の問題」と回答した人が圧倒的に多かった。当然といえば当然のことだ。

アメリカの研究会メンバーの回答で最も多かったのが「情熱の不足」だったそうだ。

これは面白い。技術職の人たちができない理由を技術的なことに求めるのではなく「俺たちの情熱が足りてないのではないか」と考えていることが意外だった。

そう、情熱。つまり本気は技を超えるのだ。できない理由を並べ立てる癖がある私たち日本人は、情熱や本気をどこに忘れてきたのだろうか。

日本人には情熱が圧倒的に不足している。

やる気になればいくらでもできるのに、問題を一歩前進させようという気が微塵もないからいつまでたっても何も変わらない。


では、なぜ、情熱は不足するのか。


それはもう、日本の国民全員が疲れ果て、思考が停止し、自分の行動では、何も変わらないと諦めているからだ。

考えることを止めると楽チンだ。それは今回のコロナ騒ぎでも明らかになった。

プロパガンダや同調圧力に対して、面倒臭いから思考を停止させ「もういいや」となるのだ。

日本人の情熱はどこへ行った。情熱が圧倒的に不足した国、日本。

私は若い人に期待したい。同調圧力を気にもかけないで、失敗を恐れずに暴れまわってほしい。既成概念をぶっ壊すのは、いつの時代も「よそもの、わかもの、ばかもの」なのだから。

社会全体に情熱が足りていないのだ。

そして、熱く語る人は、だいたい嫌われる。

# マイノリティ・ツーリズム

マイノリティ・ツーリズムの話をしてみたい。澤田智洋(さわだともひろ)さんの著書「マイノリティデザイン」がベストセラーになった。広告代理店のTOPクリエイターとして活躍していた澤田さん。ご子息が生まれつき目が見えない障害。人生観が変わったという。進みそうで、遅々として進まないマイノリティの方々の旅や外出の話が書かれている。

バリアフリー旅行

障害者旅行

と銘打つと弱者擁護みたいな色がついてしまうので、横文字はあまり好きではないのだが、あえてかっこよく、そしてビジネスライクに考えていこうと思う。その想いはひとつ。障害がある人の社会とのつながりを、補助金や助成金だけで考えるのではなく、ビジネスチャンスと捉えてほしいのだ。

障害者・高齢者・子供連れ・自転車・ワンちゃん・女性お一人さま・LGBTQ……。

マイノリティの人たち、旅行意欲は満々だが、情報もなく経験もなく、笑顔で受けてくれるかもわからず、結局、旅を諦めるケースがとても多い。もったいない。本当にもったいない。需要と供給をしっかりと、ストレスなく繋げばよいだけなのに。

マイノリティの人がストレスなく旅するために足りないものを列挙してみる。

知識、経験、情報、プロの助言、リスクの可視化、やる勇気、やらない勇気、ビジネス的視点、親切心と情熱の不足。

私は「情熱の不足」に尽きると考えている。そこまでしてやらなくていいよね、と社会が無関心であることに原因があり、いつまでたっても何も変わらないのだと思えて仕方がない。

難しいマニュアルなどなくても、上司が部下に「親切にして差し上げなさい。責任は僕が取る」とひとこと伝えれば解決する話も多い。

現場の人たちは上司に怒られると思ったら、安全なほうに判断する癖がついてしまっているので、硬直的な組織運営が続く限りは難しいのかも知れないが、それでも私は諦めない。情熱なら、誰にも負けないと自負している。

情熱かあ、それじゃ進まないよな。と思った方もいるだろう。日本人は精神論が好きだから情熱ではっぱをかけたいところではあるが、精神論より確実に物事が前に進むために先行事例の研究がある。

明治維新や出島の時代から、いや、遣唐使で空海が持ち帰った仏教ですら、海外からの先進事例を取り入れてきた歴史がある。課題に向き合い、時に諸外国ではどのように問題と向き合っているかを研究すればよいだけの話だ。

スイスが魅力的な国だというのはもちろんだが、車イスユーザーにとって、スイスほど旅行がしやすい国はない。

例えば車イスユーザーが乗れるスペースは基本的に全列車の全車両にある。もちろん一部の例外はあるが、いちいち事前に調べなくてもホームに行けば問題なく列車に乗れる。乗務員も慣れたものだ。そして、スイスでは、車イス、自転車、ベビーカー、スーツケースなどの車輪系の動線はすべて同じように確保されている。障害者を弱者と捉えて特別扱いするのではない。段差を避けたい車輪系のユーザーに対する太い動線を確保することで、乗客のストレスを軽減しているのだ。

具体的な例をひとつ上げてみる。日本では改札口からホームへ行く際に階段かエスカレーター、エレベーターを使うことになる。車イスはもちろん、ベビーカーもエスカレーターの利用は禁止されているので、ホームの端にある小さなエレベーターに並ぶことになる。京葉線東京駅や新幹線京都駅のエレベーターなどはいつも長蛇の列だ。カゴも小さいので1度に大勢は乗れない。

スイスのターミナル駅は地下道からホームへの移動が階段かスロープであることが多い。駅の構造上、スロープが急なところもあるが、エレベーターに並ばなくても車輪系の人たちは全員スロープを使えばよいのでストレスを感じることがない。自転車を押したファミリーが当たり前のように電車で移動している光景は圧巻だ。

日本でも一部のローカル線では自転車の持ち込みを試験的に認めているところがある。ぜひ取り組みを前に進めてほしいと願う。ビジネス客をはじめ、少子化もあり移動人口はこれからどんどん減少して行くのは明白だ。鉄道会社はもちろん、観光業界もマイノリティの人たちを、手間がかかる面倒な人だと切り捨てないでほしい。

受け入れ先の方々には、障害者・高齢者・子供連れ・自転車・ワンちゃん・女性お一人さま・ＬＧＢＴＱというキーワードに関心を持っていただき、誰もが自由にどこへでも旅することができる社会を共に創ってほしい。旅を生業とする者にとって、旅人の笑顔をみるのが私たちへの最大のご褒美なのだから。

# 旅行代理店がなくなる日

明治38年滋賀県草津駅で駅弁販売をしていた南新助（日本旅行の創始者）が、お伊勢参りの団体を引率したのが日本での「旅行業」の始まりだ。今、若い人を中心に、飛行機でも鉄道でもホテルでも、何でも自分で手配できるから旅行会社を使わない人が増えた。ネット系の旅行代理店はそれなりに利用されているが、街中のリアル旅行代理店はその役割を終える日が近いといっても過言ではない。

高齢者を中心に直接相談できる安心感に期待する人はいるが、販売単価が低い宿泊クーポンなどで、長時間の接客が必要となると家賃、人件費などのコストは賄えないだろう。

高度経済成長の勢いもそのままに旅行業界は拡大してきた。数を作れ、売り上げを伸ばせといわれたら、現場は不本意でも「一人ひとりのお客様の声に耳を傾ける」ことはできなくなる。私が大手旅行代理店に勤務していた頃も、成績とは数を作ることがすべて。綺麗事などいっても誰にも相手にされず、景気のよい話だけがもてはやされた。そんな時代だった。

そうこうしているうちに、コロナ騒ぎ。
旅行業界隈の人はどうするつもりなのだろう。
ほとぼりが冷めたら、また今までと同じように、

お得なキャンペーン！
マイルが貯まる！
世界遺産を巡る！

そんな旧来型レガシーに後戻りするのだろうか。これからの時代、ネットリテラシー

の高い人は自分ですべてを完結させるのは当たり前。情報だってネットでいくらでも集まる。

一方で、「旅行には行きたいけれど、自分が行ける旅がない」という旅行難民が急増するだろう。

私のところにも、

「高齢の母が旅行に行きたいといっている」

「旅をしたいのだけど不安で一歩踏み出せない」

との問合せが寄せられる。旅行代理店は旅でご飯を食べているのだから、もっとこういった声に向き合えばよいのに、それができない体質なのだ。

「お客様を笑顔にしたい」のではなく「売り上げがほしい」だけなのだろうか。ユーザーの旅行代理店離れは顕著に表れている。若い人は旅行代理店を使わない。

旅行代理店が「プロの自覚を持った旅作り」を放棄しているから、24時間年中無休で情報を提供してくれるネットが優位になるのは当たり前のことだ。

実際、街中から旅行代理店の店舗は次々と姿を消している。

どんなに悠長に見積もっても10年、いや恐らく5年以内に店舗を構えたスタイルの旅行代理店はほぼ消滅する。いや、旅行代理店という業態がなくなっていることすら考えられる。今、旅行代理店が手掛けているツアー販売の多くはネット販売で充分だ。旅の本質を理解し、切磋琢磨した人たちだけが「旅のソムリエ」のような形でファンを抱えていくスタイルになるのではないか。

旗の後ろをゾロゾロとついていく団体旅行や、お座敷宴会がお約束の職場旅行はコロナと共に消滅する運命だ。古いスタイルの旅が消えていくのは当然のことで、それに変わる新しい旅のスタイルが生まれればよい。

これからは一人旅、女性の旅、レンタカーを使わない旅が主役になるのではないか。運転免許を持たない、一人旅がしたい人の願いや不便さに気づける人が、旅のソムリエとして全国にいてほしい。リベートやキックバックのビジネスモデルは消えていくことになり、感謝や応援、元気、勇気といったキーワードが旅に求められてくる。次世代型の旅づくりを柔らかい頭で考えてほしいと願う。

# 我慢して生きるほど人生は長くない

スマホを枕元に置いて寝る習慣がある。ブルーライト？　関係ない。スマホでSNSをだらだらと読み流しながら寝落ちするのが私のルーティンなのだ。

いつものように寝落ちしたのか、電気もつけたままで目覚めた。枕元にあるスマホを寝ぼけまなこで手にしたら、パソコンから転送されてきたメールが目に入った。

メールのタイトルを見た瞬間、気持ちがざわつき嫌な予感は的中した。その昔、大手旅行代理店のときお世話になっていた方のご主人からのメールだった。

「妻宛にいつもニュースレターをお送りくださりありがとうございます。お耳に入っているかも知れませんが、妻は残念ながら先月、亡くなりました。夫婦とも旅が大好きで高萩さんのことが話題になることもありました」

旅行代理店で中国へのツアープランニングを手がけていたのは30年以上前のことだ。当時の中国には日本人が安心して泊まれるクオリティのホテルはほとんどなかった。佐野さんは当時、世界的なホテルチェーンの営業だった。中国担当になったばかりの私のところにも挨拶にきたのだが、最初に応接室でお会いした時のことをよく覚えている。

中国のことを何も知らない私を見下すこともなく、北京などの大都市はもちろん、新疆ウイグル自治区ウルムチにできたばかりのホテルの契約にも応じてもらうことができた。ウルムチのホテルにはその後、出張で何度か泊まった。ウイグルの人たちは皆、優しく大酒飲みだった。

佐野さんがあのタイミングで営業にきてくれていなかったら、私が作る旅のクオリティを担保することはできなかっただろう。何せ中国のツアーは出せば出すほどクレームの山になるのが当たり前のような地域だった。誰もやりたがらない中国向けの旅を、淡々とサポートしてくれた。

ウルムチのホテルを使ったシルクロード向けツアーは大ヒットし、会社の看板商品にもなった。地域性もあり、食事や土産物屋のクレームも多かったけれどホテルの快適性に救われた。ホテルの選定は大事だ。

北京、上海、重慶、成都、ウルムチなどの大都市圏のホテル契約では本当にお世話になった。今なら癒着とかいわれそうだけれど、リベートやキックバックを要求する訳でもなく、純粋に上質な旅を作りたい一心で必死に現地と交渉した。佐野さんのバックアップがなければ、若造の私が総支配人クラスと直談判することなどできるはずもなかった。なんの実績もない私を全面的に信頼し、全力で応援してくれた人だった。その後、私は旅行代理店を退職し、佐野さんは日航ホテルズの営業に移った。

あるとき、癌で余命宣告されている方と奥様の旅をサポートした。時間がないなか、体力的に海外旅行の夢が叶わず、沖縄に行くことにしたのだが、急遽、海外旅行を国内に変更しなければならず、行き先が決まっていなかった私はすぐに佐野さんの顔を思い出し連絡を取った。沖縄にある日航アリビラに泊れないか打診した。

佐野さんは現地との調整に奔走してくれた。

まさに奔走だったと思う。

余命宣告をされている人の旅は、さまざまなリスクを伴うので、手配には慎重さが要求される。関係性のない人間からの問い合わせや依頼だったら、現地は受けてくれなかっただろう。

リゾートホテルに1室だけあるバリアフリールームのアレンジだけでなく、現地スタッフへの引き継ぎも丁寧に繋いでくださり、万全のサポート体制で旅を実現することができた。その時の様子は拙著『いい旅のススメ。』に書いたので読んでほしい。

お客様にとって最後の思い出づくりができた。そして、何より佐野さんが旅の成功を我が事のように喜んでくれた。仕事、ビジネス、肩書き。そんなことは関係なく、一人の人間として、他人の旅に魂を込めてくださり、その成功を喜んでくれたのだ。

旅の仕事は単に飛行機のチケットやホテルを取ればよいというものではない。

お客様の想いを現地で引き受けてくれる、現地と私たちの間に潤滑油として入り、旅の成功を一緒に願ってくれる人がいてこそなのだ。

佐野さんとは退職してから1回しか会わなかった。カフェでお茶をしたのを覚えている。20年分の話を何時間もした記憶がある。何を話したかは忘れてしまったが、同窓生に何十年ぶりにあったかのようにお互いの近況を話した。

その後、再会しなかった理由はただひとつ。自宅も職場も近いし、いつでも会えると思っていたから。遠くに住んでいるわけでもなく、ニュースレターを毎月郵送していたので繋がっていると信じていたし、忙しいだろうからと、お互いに遠慮している部分もあっただろう。

『いい旅のススメ。』を世に送り出した時は本を送った。天国にいちばん近いリゾートホテル、日航アリビラの話を佐野さんに読んでほしかった。佐野さんは飛び上がらんばかりに喜んでくれて、本を日航アリビラにも届けてくれた。現地のスタッフにも少し恩返しができた。

直接会って話したいことが、まだたくさんあった。ウルムチや昆明(こんめい)や北京や重慶のホテルをアレンジしてもらい、出張で泊まった時の感想やお礼をきちんと伝えていただろうか。沖縄の日航アリビラでお客様と一緒にプールに入った時の写真は見てもらえたのだっけ。

近況報告も満足にできていなかった後悔はしても仕方がないが、話したいことがたくさんありすぎた。体調がすぐれないとは聞いていたのだが、まだ若いし、まさか命に関わる体調とは夢にも思わなかった。

それでも、私の仕事を少し離れた場所から見守ってくれているのを、肌で感じていた。佐野さんの代わりにニュースレターを受け取ってくださったご主人様とは面識はないのだが、「よかったら、次回からは私宛にニュースレターをお届けいただけないでしょうか」とおっしゃってくださったのが、私にとっての救いだった。「もう、送らなくてけっこうです」といわれたら、縁が切れてしまいそうだった。直接逢うことは現生では叶わないけれど、これからの冒険をご主人様共々、見守ってください。

明日の健康が約束されている人はいない。

行きたいところがあれば、迷わず今すぐに行ってほしい。

逢いたい人がいるなら、今、逢いに行こう。

富士山は逃げないけど、ホノルルマラソンは毎年あるけれど、行きたい今が、行きどき。旅や人に会うのに「いつか」は禁句だ。

後悔は後からジワリとやってくる。自粛している場合じゃないんだ。

我慢して生きるほど、人生は長くない。


次はどこを旅しますか。

その夢は、いつ叶えますか。

# 旅の途中

旅を仕事にして30年が過ぎた。「好きを仕事にできるっていいですね」といわれることが多いが、なかなか返事がしにくい質問でもある。仕事としての旅と、プライベートの旅は別世界にあるのだ。世間の添乗員さんに比べたら私は恵まれている。自分で会社を経営しているからお客様を選べるし、興味がない場所には旅をしない。行きたくないお土産屋にも飲食店にも行かない。すべての責任を追えば、すべてを私が決めてよいのだ。理解あるお客様に囲まれて仕事ができる幸せ。ありがたいことだ。

仕事での旅とプライベートの旅。立てているアンテナが違う。仕事アンテナは安全、安心、快適。旅界隈の人はあまり大きな声ではいわないが、旅はとても危険な余暇活動だ。帰宅するまで目に見えないリスクを避ける障害物競走だ。混雑、渋滞、遅延や欠航、予定していた店が閉まっていたり、売店の弁当が全部売り切れで絶句するリスクだってある。

あとで笑い話になるトラブルなら許されることもあるが、怪我や病気は洒落にならない。ましてハイリスクの障害者や高齢者をお供に海外を旅するのは、けっこうタフな仕事ではある。旅が無事に終わり、参加メンバーと別れた瞬間、電池が切れたように空港や駅のベンチに座り込むことも多い。ズボラで大雑把な私だが、仕事となればそれなりに気は遣う。

夜、布団に入ってから何を考えているか外科医の方に聞いたことがある。手術の反省かと思ったら、答えは「明日の手術のシミュレーション」だった。頭の中で手術の手順を考えながらリハーサルをしていると、気がつけばそのまま眠りにつくというのだ。レベルは違うが私も旅する前日は三次元の旅の現場を空想ですることが多い。文章や地図ではなく現場のイメージトレーニングだ。空想段階で綺麗な絵が描ければ、その旅は成功する。雨天時のシミュレーションをあまりしないのは旅のネガティブなイメージを事前に作りたくないからだ。

プライベートで旅をする時、私は予定を決めないことが多い。

手配が後手後手に回って失敗することもあるが、誰に迷惑をかける訳でもない。20代の頃、治安が悪いニューヨークのYWCAをチェックアウトして駅に逃げ込み、行き先掲示板をみて「よし、モントリオール行に乗ろう」と直感で決めたような、そんな旅がしたい。どの列車に乗るかなんて駅で決めればいい。北へ向かうか南下するか。風に聞いてくれ、そんな旅がしたい。

来生たかおの名曲「旅の途中」。カラオケの十八番です。聴きたい方はリクエストしてください。歌い出しの「さよならは別れの言葉じゃなくて」はまさに旅そのものを言い当てている。旅の終わりは人生が終わるとき。ひとつの旅から帰ってきても旅はまだ途中なのだ。さよならは別れじゃない。

北海道から帰宅した翌日九州に行き、台湾を挟んでスイスに向かう。そんな人生を送っていると、観光地を巡るだけが旅ではないと思えるし、旅先で1日寝ていたっていいのだし、仲間とたわいないことで語り合うのが醍醐味だとわかる。

旅は人生そのもの。

「行ってみたい場所はありますか」と聞かれて即答できない理由が今、わかった。どこへ行くのかなんて、人生においてそれほど重要ではないのだ。

よい眠りのために旅があり、人生がある。


そういえば長いことお墓詣りにも行けてなかった。

心の中で手を合わせよう。

「今日もいい1日だったよ、ありがとう」

よく眠れた日の朝は、爽やかだ。


さあ、旅に出よう。

# 旅の作法

著者紹介

# 高萩徳宗

Noritoshi Takahagi

《 プロフィール 》

有限会社ベルテンポ・トラベル・アンドコンサルタンツ 代表取締役

1964年8月10日生。

大分県立大分商業高校 放送大学学園教養学部卒業。

小田急電鉄株式会社入社後、駅、車掌区勤務を経てカナダ・アルバータ州カルガリーへ。カナディアンロッキーにてツアーガイド。帰国後、株式会社日本旅行に入社し海外旅行ツアー企画(アジア、中国)を担当。1999年に独立し有限会社ベルテンポ・トラベル・アンドコンサルタンツを創業。

お体に障害がある方や高齢の方の旅のサポートを行い国内、海外へ年間100日以上、旅をするバリアフリー旅行の第一人者。会員制旅行クラブを運営しながら「誰もが」「自由に」「どこへでも」をテーマに旅を続ける。ローカル線と温泉をこよなく愛する旅人であり鉄道ファン。

サービスコンサルタントとしても、従来のサービス感とは異なる角度からサービスの本質を提言。全国の企業や自治体、観光施設、ホテル、航空会社、鉄道会社、病院などで講演、研修、セミナー等を行なう。経営者向けのサービス勉強会「共創チーム」を主宰。YouTubeチャンネル「サービスの本質塾」「クレーム対応の本質」は現場で疲弊するスタッフだけでなくマネージメント職、経営者にも根強いファンがいる。

《 著書 》

『 バリアフリーの旅を創る 』 ／ 実業之日本社

『 サービスの教科書 』 ／ 明日香出版社

『 売れるサービスのしくみ 』 ／ 明日香出版社

『 サービスの心得 』 ／ エイチエス

『 サービス」を安売りするな！』 ／ 成美堂出版

『 いい旅のススメ。』 ／ エイチエス

《 テレビ出演 》

日経スペシャル「ガイアの夜明け」～究極のサービスを目指せ～

NHK総合テレビ 生活ほっとモーニング

NHK教育テレビ 目指せ!会社の星 ～接客のコツ～

《 ラジオ出演 》

NHK「ラジオ深夜便」ないとエッセー ～旅は最高のリハビリ～

《 SNS 》

ホームページ https://www.beltempo-kyoso.com

ブログ https://ameblo.jp/b-free

YouTubeチャンネル『サービスの本質塾』

https://www.youtube.com/@user-ps2ls3xd4b

【旅の作法】

初刷 ―― 二〇二三年五月二〇日
著者 ―― 高萩徳宗
発行者 ―― 斉藤隆幸
発行所 ―― エイチエス株式会社　HS Co., LTD.
064-0822
札幌市中央区北2条西20丁目1-12佐々木ビル
phone : 011.792.7130　fax : 011.613.3700
e-mail : info@hs-prj.jp　URL : www.hs-prj.jp
印刷・製本 ―― モリモト印刷株式会社
乱丁・落丁はお取替えします。

ISBN978-4-910595-08-5